DAS ERNST-JÜNGER-PARADOX

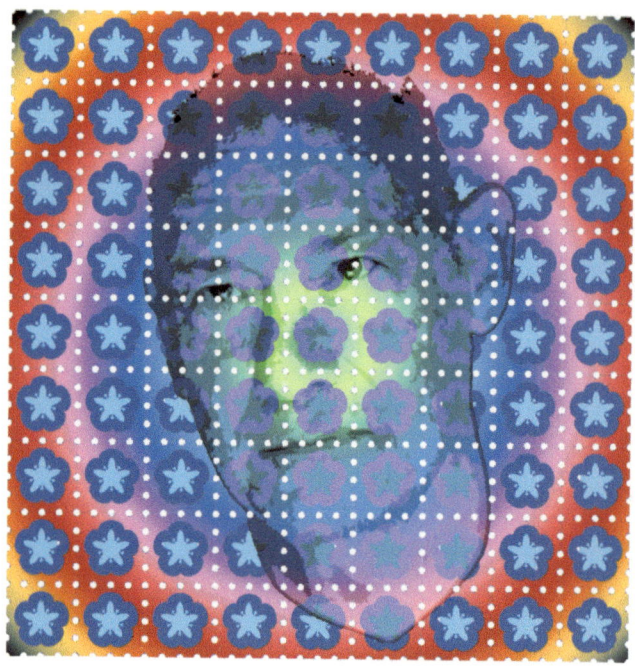

STEFAN BLANKERTZ | Wortmetz | Lyrik und Politik *für* Toleranz und *gegen* Gewalt | Jünger seit 1974 | ansonsten ein neoliberaler Kulturmarxist in freier Praxis | Blotter-Portrait mit verfremdetem Foto von fotografa/Marten | 2021

Stefan Blankertz

Von der Sinnlosigkeit des Kriegs

Das Ernst-Jünger-Paradox

edition g. 217

Originalausgabe
Herstellung und Verlag
BoD – Books on Demand,
Norderstedt
© 2022 Stefan Blankertz
editiongpunkt.de

Umschlag unter Verwendung
eines Fotos von Jon Sullivan
CC0, via pixno.com
die Verfremdungen sind
hinzugefügt

ISBN 978-3-7557-4884-7

INHALT

… die kräfte des rausches für die revolution zu gewinnen, darum kreist …
Walter Benjamin, 1929

2022
STURMWARNUNG

APOKALYPSE | unter Verwendung eines Holzschnitts aus der Heiligen Schrift nach Dr. Martin Luther | Berlin | 1855 | Evangelischer Bücher-Verein | zur Offenbarung Johannis | Kapitel 20:1 f | und ich sah einen Engel vom Himmel herabfahren | der hatte den Schlüssel zum Abgrund und eine große Kette in seiner Hand | und er ergriff den Drachen | die alte Schlange | das ist der Teufel und der Satan | und fesselte ihn

S

WYSIWYG

Was? Der Kriegsästhet, ein Pazifist? Man wird sehen. Ernst Jünger gilt als der, der in Deutschland den Schrecken des Kriegs beschönigte und damit relativierte, wenn nicht *leugnete*. Der den militärischen Kampf zum «inneren Erlebnis» überhöhte.

GESETZLOS

Jedoch nicht Rezeptionsgeschichte, nicht einmal das Gesamt-werk steht auf den folgenden Seiten im Mittelpunkt, sondern die dekonstruktivistische Lektüre des jeweils einzelnen Textes, wie ich sie von Jacques Derrida lernte. Dieser interpretiert Franz Kafkas «Vor dem Gesetz» ohne jede Bezugnahme auf andere Texte von Kafka.[1] Ganz so rigoros gehe ich nicht vor.

«DATUM» UND «DIFFERÄNZ»

Derrida legt den größten Wert aufs «Datum»;[2] dem folgt meine Kapiteleinteilung nach dem Jahr der Erstveröffentlichung. Mit dem Datum wahrt die antikontextualisierende dekonstruktive Lektüre die Nabelschnur zum Kontext. Das Leben Jüngers wird man als Text neben den Text halten und die *Différance* markieren müssen.

1996

Ernst Jünger starb 1998, inmitten der stürmischen öffentlichen Diskussion um die Rechtschreibreform 1996. Bei seinen Zitaten ist die alte Schreibweise erhalten, ich wende für meinen Text die neue Schreibweise an (in meiner eigenen Auslegung), schon um der historischen und kulturellen «Differänz» willen.

1914

Den Namen Ernst Jüngers zu nennen, führt, wie ich es immer wieder erlebe, dazu, dass gewisse Kräfte Schaum vorm Mund kriegen und ihn als «Totengräber der Weimarer Republik» und «faschistischen Kriegsverherrlicher» denunzieren. Zu Beginn des Kriegs 1914 «trat» Ernst Jünger als 19-Jähriger freiwillig «in das Heer ein», um dort «Abenteuer zu erleben», wie er seinem erst 2010 vollständig publizierten Tagebuch anvertraut (Notiz vom 6. X. [19]15).[3] Man findet in dem Tagebuch übrigens nicht ein einziges nationalistisches, patriotisches Wort. Auch zeigt Jünger sich der militärischen Disziplin und Hierarchie gegenüber völlig indifferent. Befehlen gehorcht er, insoweit sie ihm passen – ihm persönlich; seine Insubordinationen gründen nur selten in taktischen oder strategischen Überlegungen. Da er anscheinend keine Angst von Strafe kennt, lässt er sich nur schwer disziplinieren. Sogar Kameradschaft spielt bei ihm eine untergeordnete Rolle. Er ist ein einsamer Wolf, ein Individualist, ein Ästhet, genau, wie er in seinem Spätwerk dann das Ideal des «Anarchen» zeichnet: Ein Mensch, der politische Ambitionen nicht hegt, sondern abseits ideologischer und gesellschaftlicher Moden allein seiner inneren Stimme folgt.

1974

Mein Vater, als 15-Jähriger bei der Flak und später durch seine Kriegsverletzung schwer traumatisiert, verabscheute alles, was mit Militär und Krieg zu tun hat. Nachdem ein Bekannter ihm ein Buch Jüngers geschickt hatte und ich ihn fragte, weshalb er es, kaum ausgepackt, verächtlich ins Regal stelle, ohne es eines weiteren Blicks zu würdigen, warnte er mich vor diesem, den Krieg bagatellisierenden Autor. Dann erschien in «Die Zeit», welche wir Woche für Woche lasen, ein negativer Artikel über Jünger. Ein Zitat allerdings irritierte meinen Vater; es zeigte zwar einen Ästheten des Kriegs, aber ganz weit entfernt von nationalsozialistischer Denke. «Die Zeit», 08. 11. 1974: «Ernst Jünger oder Der allzu hoch angesetzte Ton.» Bis heute erinnere ich mich an die Diskussion über jene Tagebuchnotiz Jüngers aus dem Zweiten Weltkrieg (Paris, 27. Mai 1944):

1944

«Alarme, Überfliegungen. Vom Dache des *Raphael* sah ich zweimal in Richtung von Saint-Germain gewaltige Sprengwolken aufsteigen, während Geschwader in großer Höhe davonflogen. Ihr Angriffsziel waren die Flußbrücken. Art und Aufeinanderfolge der gegen den Nachschub gerichteten Maßnahmen deuten auf einen feinen Kopf. Beim zweiten Mal, bei Sonnenuntergang, hielt ich ein Glas Burgunder, in dem Erdbeeren schwammen, in der Hand. Die Stadt mit ihren roten Türmen und Kuppeln lag in gewaltiger Schönheit, gleich einem Kelche, der zu tödlicher Befruchtung überflogen wird. Alles war Schauspiel, war reine, von Schmerz bejahte und erhöhte Macht.»[4]

GRENZWERT

Der Autor des «Zeit»-Artikels, in welchem diese Notiz zitiert wird, Peter Wapnewski, nennt sie «an Sadismus grenzend». Mein Vater wies vor allem darauf hin, die Kennzeichnung des Strategen hinter dem gegnerischen Angriff als «feinen Kopf» könne man vielleicht für amoralische Ästhetisierung des Kriegs, vielleicht für Kitsch, vielleicht für Verharmlosung halten, nicht für nationalsozialistisch, während Xxxxxxxx [Obacht, G-Wort] von alliierten «Terrorfliegern» und «Kindermördern» sprach. Und warum befand der Kerl sich nicht, wie vorgeschrieben, im Luftschutzbunker?

EXISTENZ VOR ESSENZ

Daraufhin legte er sich sogar «In Stahlgewittern» zu, Jüngers Buch, bei welchem er wie dann später oft aus Tagebuchnotizen schöpfte und das ihn berühmt machte. Wie bitte, Xxxxxx [Obacht, H-Wort] soll dies Buch geschätzt haben?, und das, obgleich der Autor nicht von Führerprinzip, von Kameradschaft und von Patriotismus erfasst zu sein schien, sich vielmehr individuellen, existenzialistisch zu nennenden Erfahrungen widmete!

DIE NASE

Daran, dass H. sich in Jüngers «Stahlgewittern» wohl fühlte, mag Jünger nicht ganz unschuldig gewesen sein, vor allem aber hat es ihm später nicht weniger als das Leben gerettet. Jünger ist nie Nationalsozialist gewesen und im Krieg hielt er Kontakt zu Widerstandskreisen. Die nationalsozialistische Justiz hätte ihn sicherlich hingerichtet, falls er nicht jene gleichsam irrationale Wertschätzung H.s genossen hätte. (Ähnliche Fälle gab es auch im Umkreis anderer Diktatoren, etwa im Verhältnis Stalins zu Dmitri Schostakowitsch.)

1922 | 1923

Der Reflex, die autobiografischen Anteile des Textes zu suchen und zu meinen, wenn man sie gefunden habe, sei der Sinn des Textes decodiert, ist billig, aber nicht recht: Im Gegenteil, der Sinn erschließt sich mittels «Differänz». Beschreibt Jünger 1923 einen Leutnant Sturm im Grabenkampf des Ersten Weltkriegs und veröffentlicht gleichzeitig nationalrevolutionäre Aufsätze unter dem Pseudonym «Hans Sturm», dann scheint klar zu sein: Das ist Sturm, das ist Jünger selber! Doch weshalb macht er Leutnant Sturm zu einem (unterbrochenen) Doktoranden der Zoologie, der Jünger nie war? Ist da nicht der Wunsch Vater des Gedankens, etwas anderes als ein Krieger sein zu können? So muss man fragen. WYSIWYG. Die Biografie werfe Fragen auf; denn Antworten hält sie keine parat. 1922 schreibt Jünger, wenn man «als Zelle im Körper eines Heeres» lebe, packten «Begeisterung, Grauen und Blutdurst» zu, «ohne daß man sich ihrer erwehren könnte».[5] – Affirmativ? – Leutnant Sturm lässt er 1923 bedauern, der «Organismus des Staates» schränke «die Funktionen des Einzelnen immer rücksichtsloser auf die einer spezialisierten Zelle» ein.[6] – Wer ist Jünger? – Man wird sehen.

1923
VERSTÄNDNIS

SANDKASTENSPIEL | aus dem Fotoalbum | Ende der 1960er Jahre | Erbauer mein pazifistischer Vater | mein bellizistischer Patenonkel | ich | Bedeutung [Militär] militärisches Planspiel am Sandkasten | Thesaurus [Synonymgruppe] (nur eine) Übung · Planspiel · Simulation · Spiegelfechterei · Trockenübung · Sandkastenspiel · Schattenboxen [Assoziationen] simulieren · so tun als ob · vortäuschen · markieren · Schaukampf · Scheingefecht ... | bereitgestellt durch das «Digitale Wörterbuch der deutschen Sprache» | 24.03.2022

NENNE MICH BEIM NAMEN

Bewaffnet mit dem Vorwissen, um nicht zu sagen: mit dem Vor-urteil gegenüber Ernst Jünger, dass es ihm immer und überall um das wundervolle innere Erleben eines kriegerischen Kampfs gehe, denkt man bei dem Titel «Sturm» reflexartig an einen Sturmangriff, 1923 an eine wehmütige Rückschau auf Graben-kämpfe des Ersten Weltkriegs. Um die geht es auch. Doch der Titel ist nichts als der Eigenname des Protagonisten der Novelle, Leutnant Sturm.

STURM: EIN ANTIHELD

Bis auf ihren dramatischen Schluss enthält die Novelle kaum Handlung und spiegelt damit den bewegungsarmen Stellungs-krieg. Der Erzähler nimmt die Perspektive Sturms ein, jedoch entfernt er sich auch von ihr, um Betrachtungen allgemeiner Art einzuflechten. Grob skizzierte Lebenslinien wechseln sich ab mit detaillierten Beobachtungen kleinster Gesten. Zwei seiner Offiziers-Kameraden und Sturm vertreiben sich ihre Lange-weile, indem sie literarisch-philosophische Gespräche führen. Auch liest er ihnen aus drei selbst verfassten Charakterstudien vor. In der längsten dritten Charakterstudie erzählt Falk, der Protagonist, einer in einem Lokal aufgegabelten «Studentin», vermutlich eine Prostituierte, sein vom Krieg traumatisiertes Leben. Diese dreifach gestaffelte Distanzierung macht deutlich, wie sehr der Erzähler sich gegen die Erfahrung abdichten muss: Sie stellt weder ein harmloses noch ein elektrisierendes inneres «Erlebnis» dar. Mitten im Vortrag der dritten Charakterstudie beginnt der Sturmangriff der anderen Seite. Hastig reißt Sturm seine beschriebenen Blätter aus dem Notizbuch, um sie einzu-stecken und zu retten.[7] Er schafft's nach draußen, die Geschosse aus Maschinengewehren pfeifen ihm um die Ohren, Hand-granaten krachen, die Feinde haben den Schützengraben bereits eingenommen; in einem Erdloch sucht Sturm Deckung und er wird aufgefordert, sich in die Kriegsgefangenschaft zu begeben. Stattdessen zückt er seine Pistole und stirbt im Erdloch einsam und ohne die Chance zum Konter. Ein elendes, kein heroisches Ende. Sturm *dementiert* seinen Namen.

1923

1923. War da nicht etwas? Während einer kurzen Phase seines langen Lebens feuerte Ernst Jünger mit konservativ national-bolschewistischen Ergüssen den revolutionären Kampf gegen die Weimarer Republik an, ja, er publizierte sie sogar in Hitlers «Völkischem Beobachter»;[8] seine Einstellung zu den National-sozialisten verschlechterte sich nun zusehends, bis sie in Verachtung und Ekel umschlug. Der Kampf gegen die Weimarer Republik soll ihm wie seine – angebliche – ästhetische Überhöhung des Kriegs in Zukunft als ein Gespenst (das er, wohlgemerkt, rief) nachfolgen, obgleich kaum ein verständiger (also nicht völkischer) Beobachter des Geschehens wird abstreiten können, dass die Fehlkonstruktion der Weimarer Republik den Nationalsozialismus an die Macht brachte. Das freilich ist eine andere Geschichte.[9]

UNHEILIGE FAMILIE

Bei «Sturm» finden wir das, was wir projizierend mutmaßen, nicht. Von Vaterlandverteidigung ist in dieser Novelle nirgends die Rede. Die Deutschen sind nicht die Helden und die Gegner (in diesem Fall: Engländer) sind nicht die Schurken. Das Zusammenleben der Männer an der Front werde, so der Erzähler, «in der Vorstellung des Hinterlandes mit wenigen Worten wie ‹Kameradschaft› und ‹Waffenbrüderschaft› abgetan».[10] Das heilige Wort der Frontsoldaten und der Nationalsozialisten ist nicht mehr als eine Floskel, denn die Männer der Front «bildeten eine große Familie, in der es nicht besser und nicht schlechter zuging als in jeder anderen Familie auch».[11] Nebenbei wird noch ein weiteres heiliges Wort des Nationalsozialismus, nämlich die deutsche Familie, profanisiert. «Doch wenn der Tod als Wetterwolke über den Gräben hing, dann war jeder für sich [...] und hatte nichts in der Brust als grenzenlose Einsamkeit.»[12]

1984

Die Kameradschaft tröstet nicht, die Familie bietet keine Geborgenheit, die Verteidigung der Nation verleiht keinen Sinn, der Kampf liefert kein fruchtbringendes «inneres Erlebnis». Es regiert «grenzenlose Einsamkeit». Und nicht bloß Einsamkeit. Einer der Kameraden wird des Morgens tot aufgefunden: Hiermit beginnt die Novelle «Sturm». Er hat sich erschossen und da «empfand jeder besonders peinlich den Hauch von Sinnlosigkeit, der sich über einer Leiche wölbt».[13] Es ist eine der Szenen, in welchen der Erzähler sich vom Protagonisten entfernt und meint: «Zu sehr war Sturm Kind seiner Zeit, um in solchem Falle Mitleid zu empfinden.»[14] Mit dem Satz formuliert er eine Erklärung, vielleicht eine Entschuldigung, jedoch keine Rechtfertigung für Mitleidlosigkeit. Dass man sich gefühlsfrei macht, ist eine Kriegsfolge: Es gehört zum Charakterpanzer. In seinem Notizbuch vermerkt Sturm, der «Organismus des Staates» beschränke «die Funktionen des Einzelnen immer rücksichtsloser auf die einer spezialisierten Zelle».[15] Immer rücksichtsloser ... So sieht erneut ein heiliges Wort des Nationalsozialismus sich negativ konnotiert – der Staat. Mehr noch: Das Konzept des «Organismus» als Vorbild des Staats (im Gegensatz zu dessen seelenloser moderner Organisation) steht dabei im Fokus der Kritik, verstärkt mit dem Gebrauch des Wortes «Zelle» für die Funktionen des Einzelnen, der, entgegen der damaligen Rechtschreibung, groß geschrieben ist. Diese Bemerkung würde man eher in das Spätwerk Jüngers datieren, nach seiner Lektüre von Max Stirners «Der Einzige und sein Eigentum» (erstmals 1845 erschienen) und der Erfindung des «Anarchen» 1977, der laut

Jünger kein politischer Anarchist ist: Er verschleiße sich nicht im Kampf gegen die Staatsgewalt; vielmehr bleibe er schlicht ungebeugt. 1932 wird Ernst Jünger den Essay «Der Arbeiter» verfassen. In ihm umreißt er eine Zukunft im Zeichen der «Gestalt» des Arbeiters. Die Gestalt des Arbeiters gilt ebenso für den Bolschewismus wie den Nationalsozialismus und führt zu einer Herrschaft der staatlich organisierten Massen über das Individuum. Heute liest «Der Arbeiter» sich wie eine Vorwegnahme von George Orwells «1984». Aufgrund der Nichtunterscheidung des Nationalsozialismus vom Bolschewismus sah Jünger sich seinerzeit von der nationalsozialistischen Presse mit «Kopfschüssen» bedroht.[16] Dennoch gilt dieser Essay bis heute als Beweis, dass Jünger zumindest in der Zeit zwischen dem Ende des Ersten und dem Beginn des Zweiten Weltkriegs eine totalitäre Verfassung des Staats als erstrebenswert empfand. In dem Essay «Die totale Mobilmachung» hatte er jedoch 1930 räsoniert, warum Demokratien vorzüglich dafür gerüstet seien, Kriege zu gewinnen. Diesen Gang des Weltgeistes hielt er vielleicht für unvermeidlich; aber für erstrebenswert, nimmt man «Sturm» ernst, wohl kaum. – Die Eigentötung des Kameraden sieht Leutnant Sturm nicht als Flucht vor der Pflicht zur Vaterlandsverteidigung, sondern gibt ihm eine andere Symbolkraft: «Hier hatte wieder ein Einzelner gegen die Sklavenhalterei des modernen Staates nachdrücklich protestiert. Der aber stampfte als unbekümmerter Götze über ihn hinweg.»[17] – Einer von den literarischen Kameraden Sturms meint, dieser sei bloß aus einer «mentalen Geistesverwirrung» heraus *freiwillig* in das Heer eingetreten.[18] Wie überaus schmeichelhaft patriotisch …

RAUSCH

Wehrdienst ist Sklavenhalterei. Der Staat ist ein Götze. Eigentötung ist für jeden Einzelnen die Ultima Ratio seines Protests. «Trunk» – Rausch – ist eine mildere Form als Suizid, um «sich selbst» – um der Sinnlosigkeit, um dem Trauma des Kriegs, um dem Götzenstaat – «zu entfliehen».[19]

THE EAGLE FLIES ALONE

Über seinen Protagonisten Falk sagt Leutnant Sturm in seiner dritten Charakterstudie, was diesen «zum Weib trieb, war nicht Genuß, sondern eine Wunde, die in der Tiefe brannte», und er spricht vom «Blutstoß der Weiblichkeit».[20] Eine unreflektierte *männerphantasie* im Sinne klaus theweleits? Auf diese Frage werde ich zurückkommen. Beim Besuch einer Bar fällt Falk ein Mädchen ins Auge, das Hippolyte Taines Balzac-Buch liest.[21] Die *männerphantasie* führt ihn von der «üblichen Flasche Wein» bis zur «Zigarette danach»; doch «schon beim ersten Anschlag der Klingen» – freud-reich-hitchcock-theweleit lassen grüßen – fühlt er, dass es anders kommen werde als phantasiert. Es droht «Verständnis».[22] Sie begleitet ihn aufs Zimmer, und er nimmt seiner Begleiterin Mantel und Hut ab. Dann aber – erzählt er ihr von der ersten Schlacht, an der er als ein Knabe beteiligt war: «alle nationalen und heroischen Ideale» verzischten «wie Wassertropfen auf glühenden Eisenplatten».[23] Inmitten dieser Szene zerrt der feindliche Angriff ihren Autor aus dem Leben und wir erfahren nicht, wie das belesene Mädchen auf Falks Erzählung seiner Traumatisierung regiert. Der *männerphantasie* seien Tür und Tor geöffnet.

DATUM

Dem Nachgeborenen präsentiert die Novelle «Sturm» sich ex negativo durch das, was vom Text erwartet wird, aber fehlt: Sinnstiftung des Kriegs mittels eines kollektiven Nationalismus oder mittels des Kampfs als inneres Erlebnis. Natürlich hat Jünger die Novelle nicht verfasst, um den Leser mit dem zu konfrontieren, was in ihr nicht zu finden ist. Was also ist in ihr zu finden? Das Datum steht fest: Parallel zu dieser Erzählung verfasst Jünger

nationalistische Texte voll des Hasses auf alles Bürgerliche, voll
der Bewunderung für die anscheinend antibürgerlichen, nicht-
spießigen Frontsoldaten wie ihn selber und für die «heroische»
Haltung des durch Kameradschaft und Kampf «Gemeißelten».
In seiner Novelle ist Jünger bereits weiter: Er *dementiert* die
heroische Haltung. Tronck, Kiel und Falk – die Protagonisten
der drei von Sturm verfassten Charakterstudien – sind wie
Sturm (bildungs-) bürgerliche Gestalten, denen, gleich dem
jugendlichen Ernst Jünger, das Leben als Bürger langweilig und
öde vorkommt. Allerdings finden sie im Kampf genau nicht
die gesuchte und erhoffte Sinnstiftung. Sie stumpfen nur noch
weiter ab. Manche bringen sich selbst um, manche ersäufen den
Frust im Suff und wiederum andre finden einen sinnlosen Tod.
Das Datum steht fest: Die Novelle «Sturm» publiziert Jünger
zu genau der Zeit, in welcher Wilhelm Reich seine Theorie des
«Charakterpanzers» und der «Funktion des Orgasmus» entwickelt. Jünger liefert das literarische Material für diese Theorie.
Der Krieg ist der zum Scheitern verurteilte Versuch der gegens
eigene Gefühl gepanzerten Menschen, aus diesem Panzer aus-
zubrechen – oder der Ausbruch mit untauglichen Mitteln zieht
eine zusätzliche, weit hermetischere Panzerung nach sich, in der
noch der Restbestand des Gefühls, den das bürgerliche Leben
bietet, der Vernichtung anheimfällt.

MELODIC DEATH METAL

Es bleibt ein Hoffnungsschimmer, einer, den der Literat deut-
licher sah als der Psychoanalytiker, und das ist die bildungs-
bürgerliche Kultur des Geistes. Sturm ist ein Literat und das
bewahrt ihm einen Restbestand an geistiger Gesundheit. Es
rettet ihm nicht das Leben, doch bis in den Tod geht es ihm um
die Verteidigung des Geistes, seines Geistes, seines geistigen
Produktes. Es ist es ihm wert. Ihm gilt sein (vor-) letzter Gedanke – sein letztes Empfinden, kaum noch ein Gedanke, ist

das «Versinken im Wirbel einer uralten Melodie».[24] Auch solch ein Empfinden referiert freilich auf ein geistiges Produkt, nicht seins persönlich, sondern ein Gemeinbestand der Menschheit.

DAS MÄDCHEN

Mit «Sturm» entwickelt Jünger eine andere, eine bessere Möglichkeit, dem Paradox des Kriegs zu entgehen, eine bessere als ausgebluteter Nationalismus und scheinheroisches Soldatentum. Er wird weiter mit ihm ringen und er wird siegen, gerade weil er vorschnelle Befriedungen und Fluchten in wohlfeile Ideologeme literarisch, das heißt: mit performativen Akten der Worte umschifft. Die bessere Möglichkeit ist schönes Klischee. Die bessere Möglichkeit begegnet Falk-Sturm-Jünger in Gestalt eines Mädchens, d.h. entsexualisierten Frau, obendrein einer Intellektuellen (bloß der unsinnliche Geist ist eine akzeptable Brücke), die «Verständnis» (E-motion, Em-pathie) signalisiert: Das Verständnis ermöglicht Falk, in Kontakt mit dem Gegenüber zu treten, statt «es» auszunutzen oder als Mülleimer zu missbrauchen. Er offenbart sich, indem er den Knaben lebendig werden lässt, der den Schrecken des Kriegs erlebte und ihn tief in seinem Tresorcharakter wegschloss. Zwar bricht der Tod die Möglichkeit ab, die das Verständnis eröffnet. Doch die Melodie ist alt: Sie wird weiter erklingen von Generation zu Generation. Die Hoffnung schimmert, sie erklingt in weiter Ferne; nein, sie ist nicht ihrerseits tot. Ihr Lebendigsein überwindet den Tod. Sie überwindet zudem die Lebenden, die sie, wie der politische Aktivist Ernst Jünger, nicht wahrnehmen wollen, sondern den Kreislauf der Traumatisierung in Gang halten, weil sie sich ein Leben jenseits derer nicht vorzustellen wagen.

DER DICHTER, DEM DIE WORTE FEHLEN

Gibt es eine andere Interpretation? Könnte es denn sein, dass Ernst Jünger nicht bloß Sturm und Falk, sondern auch seinen

Erzähler verachtet ob deren «Defaitismus» und ihnen (also sich selbst) seine «politische Publizistik» als Ausweg anbietet? Das Elend der «Was-wollte-der-Autor-sagen»-Frage beginnt damit, dass wir nicht wissen, meist kaum erschließen und nur raten können, was der Künstler uns sagen wollte. Darüber hinaus ist es, selbst wenn wir es wüssten, unerheblich. Nichts in dem Text «Sturm» weist uns darauf hin, dass es außerhalb dieses Textes einen anderen Blick auf den Krieg als den aus der Perspektive der Sinnlosigkeit gibt. Die *Differänz* bliebe erhalten, auch dann, sollte Ernst Jünger damals sie andersherum als später aufgelöst haben, nämlich zugunsten von Krieg und Nation, also gegen Sturm und Falk. Allerdings bliebe dann unerklärlich, weshalb er die Novelle überhaupt niederschrieb. Wenn er sie nicht ernst genommen haben sollte, hätte er den Stift gar nicht erst in die Hand genommen. Nein, ihm fehlt kein einziges Wort:

UNTER EIFERSÜCHTIGEN

«Das Vaterland? Gewiß, auch Sturm hatte sich dem Rausche von 1914 nicht entziehen können, doch erst nachdem sein Geist von der Idee des Vaterlands abstrahiert, ahnte er die treibende Kraft in ihrer vollen Wucht. Nun erschienen die Menschen der Völker ihm längst wie Verliebte, von denen jeder auf eine einzige schwört und die nicht wissen, daß sie alle von *einer* Liebe besessen sind.»[25] Es braucht nicht mehr Worte. Es braucht bessere Zuhörer.

FRÜHER WAR [NICHT] ALLES BESSER

Indessen findet sich in der Novelle «Sturm» tatsächlich ein noch nicht zur Sprache gekommener Topos der konservativen Kultur-kritik. «Seit der Erfindung der Moral und des Schießpulvers hat der Satz von der Auswahl der Tüchtigsten für den Einzelnen immer mehr an Bedeutung verloren», notiert Sturm.[26] Dass hier die Moral im Gleichklang mit dem Schießpulver der De-moralisierung zugeschlagen wird, ist aber kaum als konservativ zu lesen. Jedenfalls ist das konservative Utopia in zeitlich weite Ferne gerückt. Es handelt sich nicht darum, eine gute Bürgerlichkeit zu bewahren oder den Geist des preußischen Soldatentums zu beschwören. «Seit dem Auftauchen der Maschine war alles von sausenden Schwungrädern zur Fläche geschliffen», diktiert Sturm seinem Protagonisten Falk in die Feder. «Wie man die letzten großen und bunten Tiere zur Strecke brachte oder vergittert zur Schau stellte, so machte man allem den Garaus, was noch aus heißem Blute geboren wurde.»[27]

MÖGLICHERWEISE BLOND ABER NICHT BLAUÄUGIG

Hier mag uns Friedrich Nietzsches «blonde Bestie» vor Augen erscheinen, der nostalgisch verklärte Kampf Mann gegen Bestie oder Mann gegen Mann, oder auch Emmanuel Levinas' Sturm auf eine abendländische Kultur, die den Anderen vernichtet, zur Bestie erklärt sowie sich gleichmachen und, sollte dies nicht gelingen, eliminieren wolle. Woran auch immer wir bei dem Aphorismus denken, der real existierende Krieg damals und heute fällt nicht darunter. Er ist ausgeschlossen, denkunmöglich als sinnvolle menschliche Tätigkeit. Später werden wir lernen, dass Ernst Jünger auch die konservative Lüge von dem einst unschuldig-barbarischen Kampf 1957 literarisch *dementiert*. Der kampflustige Pionier – auch er kein Patriot, sondern ein Draufgänger –, dem Sturm vom «Rausch des Lebens» spricht, ist ein Simpel. «Über das Ding an sich habe ich mir bislang kein Kopfzerbrechen gemacht.» Sturm entgegnet hierauf mit ätzender Ironie: «Dazu kann man Ihnen nur gratulieren.»[28]

IMMER NOCH STURM

Kunst ist die höchste Form der Sublimation. In «Sturm» sublimiert Jünger die Verzweiflung über seine politische Antwort auf die gesellschaftliche, historische und persönliche Krise, die weder den eigenen Traumata gerecht werden noch einen echten

menschlichen Kontakt zum Andren stiften konnte. Die Liebes-
unfähigkeit, besonders die Unfähigkeit zu einer beglückenden
intimen Begegnung wird dabei explizit formuliert wie nirgends
sonst im Werk Jüngers und zwar dergestalt, als habe Wilhelm
Reich ihm souffliert.

DIE RÜCKKEHR DES VERDRÄNGTEN

Sublimation heißt darüber hinaus Verdrängung. So explizit die
Botschaft des Kunstwerks auch formuliert sein mag, sie erreicht
nicht ihr Ziel, oder jedenphalls erst so verspätet, dass es zu spät
ist: Der Nachgeborene entziffert sie, weil sie inzwischen aus der
Zeit fiel und somit ungefährlich ward. Die Ästhetisierung des
Kampfs haben wir nicht mehr als Problem, keiner propagiert sie
weiter. Unser Problem lautet: Moralisierung der Gewalt, die behauptet, Gewalt im Namen der Moral wäre keine. Vielmehr sei
es Gewalt, auf den Einsatz der Gewalt zu verzichten angesichts
des Bösen, das irgendwie ohne Gewalt auszukommen scheint.

VERFRÜHT | VERSPÄTET

Ernst Jünger scheint dies geahnt zu haben. Seine Warnung kam
damals jedoch zu früh und für heute in einem Gewand, das
nicht länger begreiflich ist. Er bleibt, genau wie Nietzsche, der
Unzeitgemäße, der sich selber missdeutete. Doch er hatte keine
Wahl: Ihm standen an politischer Stellungnahme keine Worte
zu Gebote, die auszudrücken vermochten, was ihm sein sieben
Mal zum Teil schwer beschädigter Körper und seine Zeugen-
schaft unermesslichen Leids nahe legten. Er hätte es nicht ertragen, wäre es ihm nicht gelungen, dem Leid vorübergehend
einen Sinn zuzuschreiben. Zugleich musste er den falschen
Sinn schreibend *dementieren*. Und das macht seine Größe aus,
die uns heute anspricht. Aber nur der hört es, der hinhört. Und
hinspürt: Wer nicht weiß, dass Lesen auch Hören und Spüren
impliziert, bleibt leseunkundig.

VERMACHT

Eine Gruppe allerdings versteht Ernst Jünger heute so gut wie damals, die Gruppe seiner Gegner. Sie versteht gut, dass er die Legitimität von jeder Herrschaft untergräbt. Weder in «Sturm» noch in anderen literarischen Spuren Jüngers lässt sich lesen, dass es eine Rechtfertigung für Herrschaft gebe – der Anwendung oder Androhung von Gewalt, um Gefolgschaft zu erzwingen; freiwillige Gefolgschaft dagegen erfüllt die Bedingung von Herrschaft nicht. Leutnant Sturm herrscht nicht, er gibt gegebenenfalls sinnvolle Anweisungen. Die Untergebenen gehorchen nicht (wie auch Sturm seinen Vorgesetzten nicht) der Gewalt, sie folgen vielmehr dem, was sie für sinnvoll erachten; selbst dann, wenn es objektiv sich als sinnlos erweist. Dass dies eine Illusion darstellt, weil die Masse der Menschen aus Angst sich der Gewalt beugt, weiß Jünger. Die Illusion bleibt aber als Lebenslüge für Jünger notwendig, denn ohne eine solche Utopie würde er an der Menschheit irre werden. Doch wer sagt, dass er es nicht wurde?

VERKLÄRT

Ernst Jünger, ein «rückwärtsgewandter Utopist»? Sehr richtig. Er zieht (wie Paul Goodman) die Kraft seiner Utopie aus einer verklärten Vergangenheit, die es so, wie er sie implizit voraussetzt, nie gab. Sein Ziel besteht freilich nicht in Weltrettung, die ihrerseits Herrschaft über die Menschen begründen würde, sondern in der Erhaltung seiner eigenen geistigen Gesundheit: Nicht zu verzweifeln wie der Kamerad, der sich im Anfang von «Sturm» selber tötete. Das ist eine schwere Bürde, die zu tragen alle seine Kraft aufzehrt: Immer wieder nimmt Jünger Reißaus im Rausch der Drogen, seien diese nun aus Früchten, Insekten, Kakteen, Pilzen oder Worten, durch Gärung oder im Labor gewonnen.[29] Gleichwohl über hundert Jahre alt geworden zu sein, war nicht sein Sinnen und Trachten.

VERSTÄNDNIS

Der Schlüsselbegriff in «Sturm» lautet: «Verständnis». Verständnis wirft aus der Bahn der Ereignisse, die ohne Verstand ablaufen, sogar aus der Bahn der Phantasie, die den Ablauf der Wirklichkeit als Gegeben hinnimmt. Verständnis lockt zur Selbstoffenbarung, die unter den gegebenen Bedingungen der Selbstaufgabe gleichkommt. Wer Jünger verstehen will, muss bereit sein, die Bahn der akzeptierten Abläufe – und seien sie von einem selber gesetzt und nur phantasiert – zu verlassen und sich auf das unsichere Terrain des Kampfs gegen die herrschenden Mächte zu begeben. Hier haben wir meinetwegen einen Kampf als «inneres Erlebnis», jedoch keinen Krieg im Sinne mechanisierter Waffen und im Sinne der Armee, die Befehl und Gehorsam steuern.

VERDÄCHTIG

Der «hohe Ton» Ernst Jüngers bezeugt, dass er der Eindeutigkeit sich versagt: Jeder argwöhnt, er gehöre der Gegenseite an. Dergestalt hält er die Schlüsselgewalt über den Frieden, der voraussetzt, dass den Kriegsparteien ihre moralische Lufthoheit genommen wird: Sie dürfen sich nicht sicher fühlen, damit die geschundenen Menschen sicher sein dürfen vor der «ethischen Gewalt», die keine Grenzen anerkennt, sondern marodierend über die Erde her zieht. Jünger stürmt die Bastion der Besserwisser, Bevormunder, Rechthaber, moralisch Überlegenen, er schleift sie; jedoch vorerst nur literarisch. Alles Weitergehende wäre politisch und fiele zurück in das Verhängnis. Bloß einen gibt es, der es Ernst Jünger an Radikalität seiner Verweigerung, sich in die Konformität der Praxis einzugliedern, gleichtut: Theodor W. Adorno. Dieser meinte (einer, so weit ich sehe, unbelegten Überlieferung nach), Jünger sei «ein ekelhafter Kerl, der meine Träume träumt». Das würde zeugen von einer nicht eingestandenen, verdrängten Ehrfurcht.

1923

Leutnant Sturm stirbt in einem Erdloch.
Einsam, unerreichbar für die Kameraden.
Ohne Gegenwehr. Ein Opfer, sinnlos für das
Vaterland. Sinnlos für ihn selber. Sinnlos
für die Menschheit. Keine Aestetik. Kein
Heroismus. Kein inneres Erlebnis. Bloß
Einsamkeit, Wüste, Sinnlosigkeit. Seine
Geschichte ein Fanal gegen den Krieg, aus
der Schreibmaschine eines Mannes, dem stets
das Gegenteil unterstellt wird. Der sich,
möglicherweise, vorübergehend selber als das
Gegenteil missverstanden hat. Darum ist es
um so wichtiger, daß wir, die Nachgeborenen,
nicht das (Selbst-) Missverständnis wiederholen, als könnten wir die Botschaft von
Leutnand Sturm nicht verstehen; dann wäre
sein Tod in der Tat sinnlos, das Opfer nicht
umsonst, aber vergebens. In "Sturm" gibt es
nicht ein Wort, das von Nationalismus, von
Heldentum und Heldentod, von der Schönheit
des Kampfes, gar des Kriegs kündet. Und hier
ist das Datum entscheidend: nicht ein später
und eventuell geläuterter Ernst Jünger schreibt
die Geschichte von Leutnant Sturm, sondern
der Autor von "In Stahlgewittern", gepriesen
von Goebbels und Hitler, vom Autor von Essays
in soldatischen, nationalistischen, konservativ-
elitistischen Zeitschriften, sogar im "Völkischen
Beobachter". Wir haben es hier mit einem echten
Paradox zu tun, keiner Dialektik, keinem Missverständnis, keiner Reinwaschung im Nachhinein.
Der Widerspruch steht da, nackt und sichtbar,
entblößt.

SPONTANGETIPPT | unrediktiert | unkorrigiert | 20. März 2022

1920
LUFTMASSEN IM ANZUG

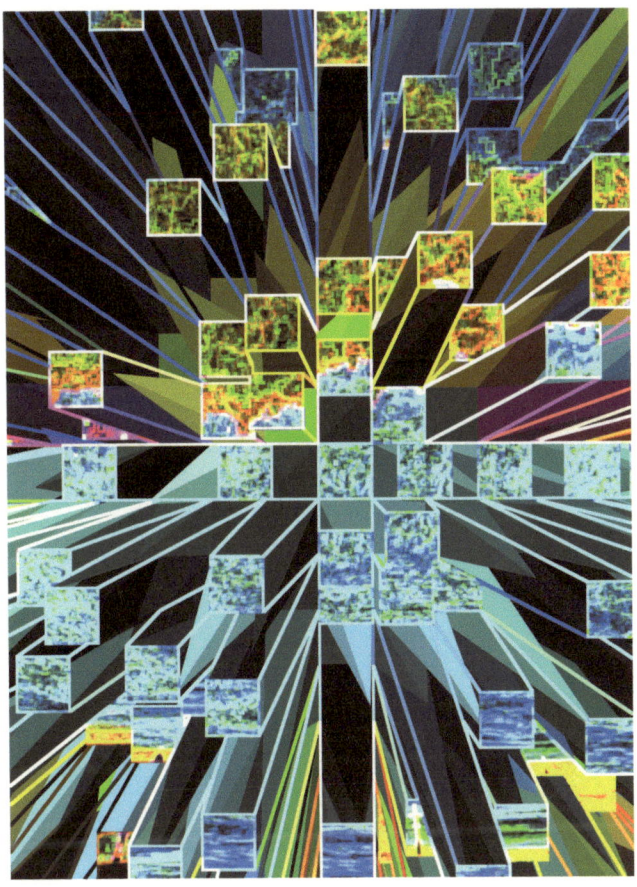

IN DIGITALGEWITTERN | Sonnenuntergang | Strand | Meer | verwandelt vermittels Neokubismus | unter dem Einfluss einer Überdosis unzeitgemäßer Jünger-Drogen | die besonders im Frühstadium ihrer Entwicklung mit großer Vorsicht zu genießen sind | und dennoch helfen | den Sturm der Entrüstung zu überstehen | freilich machtlos zu sein scheinen angesichts heraufziehender Gewitterwolken der Wokekultur

KEHRPROBE

Ist «Sturm» etwas anderes als «Stahlgewitter»? Wäre in diesem
die Jünger unterstellte Kriegsverherrlichung zu wittern?

1920-1978

«In Stahlgewittern», Ernst Jüngers Kriegsroman, 1920 erstmals
erschienen, wurde ein geflügeltes Wort und zugleich umgibt ihn
ein Geruch von anrüchiger Kriegsverherrlichung. Zeitgenossen
attestierten dem Buch, dass kaum eine furchtbarere Anklage
gegen den Krieg hätte geschrieben werden können;[30] in der
Erinnerung der Nachwelt blieb freilich vor allem das Lob von
Joseph Goebbels – «Schwung, nationale Leidenschaft, Elan,
das deutsche Kriegsbuch»[31] – hängen. Erich Maria Remarques
«Im Westen nichts Neues» aus dem Jahr 1929 wird bis heute als
die Antithese zu den «Stahlgewittern» angesehen, ungeachtet
dessen, dass Remarque seinerseits Jüngers Buch schätzte, in
hohen Tönen die «wohltuende Sachlichkeit» rühmte, durch die
das «Grauen der Materialschlacht mit großer Wucht» Ausdruck gewinne, und es als Ansatzpunkt für seine eigene Auf-
arbeitung des Kriegserlebnisses nahm.[32] Seit 2010 liegt das
Tagebuch vor, das Ernst Jünger im Verlaufe des Kriegs führte
und aus dem er für den Roman schöpfte; 2013 erschien dann
die historisch-kritische Edition von «In Stahlgewittern», die die
fünf großen sowie alle kleineren Bearbeitungsstufen von 1922
bis 1978 dokumentiert.

1924 | 1934

1914 trat der 19-jährige Ernst Jünger freiwillig ins Herr ein, um
dem als öde erlebten Schul- und bürgerlichen Alltag zu entkommen und, wie gesagt, stattdessen «Abenteuer zu erleben».[33]
Diese Motivation dehnt Jünger in einem 1924 hinzugefügten
(allerdings 1934 wieder gestrichenen) Satz aus auf seine ganze
Generation: «Eine lange Zeit der Ordnung und des Gesetzes,

wie sie unsere Generation hinter sich hatte, bringt einen wahren
Heißhunger nach dem Außergewöhnlichen hervor.»[34] Wie
schade, dass er diesen Satz wieder strich; vielleicht erschien
er sogar ihm als zu affirmativ zum Krieg. Oder er mochte den
Gedanken an das Aufmischen der «Ordnung» nicht, das ihn
möglicherweise an die Anfangsphase des Nationalsozialismus
erinnerte. In der heutigen Erinnerungskultur wird völlig aus-
geklammert, dass die Nationalsozialisten sich als Revolutionäre
begriffen.

IN THE YEAR 101 945 IF MAN IS GONNA BE ALIVE

Das Gefängnis der Ordnung und des Gesetzes als Erklärung für
den Heißhunger nach Destruktion, das ist ein Gedanke, der
soziologisch und psychologisch Sinn macht. Wir werden drauf
zurückkommen. Franz Werfel setzte ihm in seinem Roman
«Stern der Ungeborenen» 1945 ein literarisches Denkmal. Der
Erzähler wird in eine zukünftige Welt zitiert, hunderttausend
Jahre «weiter». Man schreibt das Jahr 101 945. Er steht dort
in der Kluft als Soldat des Ersten Weltkriegs; sein ebenfalls
wiedergeborener Freund, der diese Welt freilich länger kennt,
nimmt ihn in Empfang. Langsam wird klar, wer den Erzähler
herbeizitierte und weshalb: Er ist die Attraktion einer Hoch-
zeit. Die Menschen dieser Welt sind in der radikalsten Weise
befriedet. Es gibt ein Denkmal des «Letzten Krieges». Streit,
Konflikt, ja jedes laute Wort, körperliche Gewalt sowieso – hat
man verbannt. Nahrung wird nicht mehr gekaut, sondern bloß
in konzentrierter, flüssiger Form zu sich genommen. Selbst das
Sitzen gilt, der gebrochenen Körperlinie wegen, als aggressiv.
Man steht oder liegt. Die Menschen altern und sterben nicht.
Sind sie schlussendlich des Lebens müde geworden, suchen sie
den «Wintergarten» auf, wo sie sich nach gründlicher Prüfung
freiwillig einer «Retrogenese» unterziehen. Der Bräutigam, der
den Erzähler zu seiner Feier lud, ist, wie dieser herausfindet, ein

Mitglied der merkwürdigen Gruppe der «Waffensammler». Sie beschäftigen sich mit historischen Waffen, wissen alles über den Krieg, obzwar sie die lange verflossenen Zeiten durcheinander bringen, etwa zwischen Ritterschlachten und Erstem Weltkrieg keine so große Differänz zu sehen vermögen. Der Erzähler, der am Ersten Weltkrieg als Soldat teilnahm, ist für den Bräutigam aufgrund seiner Erfahrung ein wertvoller Zeitzeuge. Bei einer Diskussion über «Kriege der Urzeit» gerät der Bräutigam in Ekstase, und er fragt den Erzähler mit «wollüstig poetischem Ton»: «Und wie ist das, Seigneur, wenn der eigene blanke Stahl in den Leib des Gegners dringt, und wenn der Blutquell hervorspritzt in rotem Bogen?»[35] (Ernst Jünger stehe uns bei!)

VOM WAHRSINN DES DSCHUNGELS

Im weiteren Verlaufe seines Aufenthalts erfährt der Erzähler, dass es außerhalb dieser be- und eingefriedeten Zivilisation den *Dschungel* gibt, wo Barbaren in althergebrachter Weise leben, leiden, lieben, kämpfen, sterben, Menschen, die dieser schönen neuen Welt den Rücken gekehrt haben. Die Zivilisierten betrachten den Dschungel zwar mit Abscheu, es gibt freilich ein gewisses Übereinkommen, einander in Ruhe zu lassen. Den Waffensammlern um den Bräutigam ist das ein Dorn im Auge, sie wollen Krieg gegen den Dschungel. Als die Braut in den Dschungel flüchtet, löst der Bräutigam durch ein Attentat tatsächlich den Krieg aus. Der General des Dschungels, militärisch eigentlich in völlig aussichtsloser Lage, hat sich allerdings gut vorbereitet. Man feuert «mit Depressionen und Melancholien». Es ist aber nicht der Wahnsinn, der verwundet, sondern der «Wahrsinn»: «Wirst du von einer solchen sechsundzwanzigkalibrigen Selbstanalyse getroffen, dann hilft dir kein Opiat mehr. Sie schießen mit entsetzlichen Ernüchterungen.»[36] Dem Angriff hält die Zivilisation nicht stand; sie löst sich auf. Die Medien preisen nun den Dschungel. Allerdings ist der Sieg des

Dschungels nicht die große Befreiung. «Jubel herrschte, nicht etwa, weil das Leben besser zu werden versprach, sondern weil die Herrschaft der Hochnäsigen gebrochen zu sein schien.»[37]

SIND WIR UTOPIA

«~~Eine lange Zeit der Ordnung und des Gesetzes, wie sie unsere Generation hinter sich hatte, bringt einen wahren Heißhunger nach dem Außergewöhnlichen hervor.~~» Nicht Heldentum, Aufopferung für eine «Sache», kein Nationalismus und schon gar nicht Deutschtümelei drücken sich hier aus. Vielmehr wird die Theorie Wilhelm Reichs der 1920er Jahre verbürgt; zu Beginn der 1950er Jahre nahmen Paul Goodman und die Schöpfer der Gestalttherapie dessen Frage auf: Welcher Umstand macht die Menschen geneigt, dem «Massenselbstmord durch Krieg» zuzustimmen? Kurz gefasst lautet die Antwort: Die Ordnung, die als Panzer erlebt wird und nicht mehr als das, was aus spontaner und freier Vereinbarung hervorgeht und den eigenen Herzenswünschen angepasst werden kann, ruft unweigerlich eine, je länger sie existiert, um so größere Lust an der Zerstörung, eine Utopie des Ausbrechens, eine Suche, ja geradezu eine Sucht nach Abenteuern hervor, die sich destruktiv sowie mit Gewalt- und Kriegsphantasien ihren Raum schafft. Und tatsächlich vernimmt man in Jüngers Tagebuch keinen nationalen Ton, keine Beschwörung der Vaterlandsverteidigung, vielmehr ein geradezu existenzialistisches Abklopfen eigener Grenzerfahrungen. Die Gegner sind für ihn keine Feinde; Jünger spricht über alle mit der gleichen Würdigung wie von den eigenen Kameraden. Dass Soldaten nach dem Tod eines Kameraden auf «Blutrache» sannen und in dem Engländer, welcher das tödliche Geschoss gefeuert hatte, einen persönlichen Feind zu sehen «schienen», kommentiert Jünger mit dem – 1934 gestrichenen – Gedanken, es sei «merkwürdig, wie wenig objektiv sie den Krieg auffassen». Auch den Nachsatz, «ich kann es ihnen nachfühlen», streicht er

1934:[38] Die Distanz wird größer. Für Jünger geht es in der ersten
Linie um ein individuelles Kräftemessen und Sichbewähren;
man kriegt den Eindruck, dass es unwichtig sei, wer gewinne. In
der Hinsicht wäre Ernst Jünger der deutsche Ernest Heming-
way. Auch in jener Hinsicht der leise einsetzenden Erkenntnis,
dass das Ideal der Männlichkeit ein für alle Mal dahin ist (und
vielleicht niemals ein wirklich gutes Ideal war).

1924

Der Herausgeber der «historisch-kritischen Ausgabe» von «In
Stahlgewittern», Helmuth Kiesel, sieht bei den Veränderungen
Jüngers 1924 und 1934 eine stark politische Tendenz.[39] Um die
Mitte der 1920er Jahre hatte er mit bolschewistisch-nationalen,
konservativ-elitären Ideen geflirtet, obwohl ihn der Nationalsozialismus bereits anfangs eher abstieß. Die Ausgabe von 1924,
in der Goebbels und Hitler den Roman kannten, hatte er mit
mancherlei nationalistischen Wendungen garniert – wie zum
Beispiel: «Aus allen Opfern war, fast ohne dass ich es gemerkt,
die Idee des Vaterlandes immer reiner und glänzender heraus-
geschmolzen.»[40]

1934

Im Tagebuch und in der ersten Fassung des Romans von 1920
las man hiervon tatsächlich nichts; 1934 konnte diese Passage
gestrichen werden, ohne dass sie eine Lücke hinterließ. Bei den
Veränderungen von 1934 sei, so der Herausgeber, das Anliegen
sichtbar, die militaristische Aufladung des Kriegs mit Sinn zu
tilgen und eine politische Instrumentalisierung durch nationalsozialistische Propaganda abzuwehren. Von Jüngers Veröffent-
lichungen nach «In Stahlgewittern» war Goebbels enttäuscht;
das sei «nur noch Literatur», notiert er in sein Tagebuch.[41] 1932
avisierte der «Völkische Beobachter» ihm, wie Jünger meinte,
«Kopfschüsse».[42] Es ging um das Buch «Der Arbeiter»: Jünger

skizziert ein heraufziehendes Zeitalter des Kollektivismus, in dem Nationalsozialismus und Bolschewismus sich vermählen. Identifizierte Jünger sich mit dieser Vision? Das ist umstritten. Falls er je sich mit ihr identifizierte, müsste es auf dem Hintergrund seines großen Werkes eine kurze Geschmacksverirrung genannt werden. Sei dem, wie es wolle, die Nationalsozialisten empfanden die Vision jedenphalls als Parodie, nicht als Heiratsantrag.

MOTÖRHEAD

Nicht bloß nationalistisch aufgeladene Zusätze finden sich in der Fassung von 1924. Neben der zitierten Formulierung, keine nationale Begeisterung, sondern der Überdruss an der Enge des bürgerlichen Lebens habe die Kriegsfreiwilligen angetrieben, fasziniert mich in der Ausgabe von 1924 besonders eine Stelle, die Jünger gleichermaßen 1934 strich. Über die erste große Materialschlacht, an der Jünger 1916 teilnahm, heißt es: «Hier war die Schlacht kein Erlebnis [eine Anspielung auf Jüngers Essay ‹Der Kampf als inneres Erlebnis›, 1922]. [...] Hier ging die Ritterlichkeit auf immer dahin, sie musste dem intensiven Tempo des Kampfes weichen, wie alle noblen und persönlichen Gefühle weichen müssen, wo die Maschinerie die Herrschaft gewinnt. Hier zeigte sich das neue Europa zum ersten Male auch in der Schlacht.» In der Fassung von 1934 bis zur Fassung letzter Hand 1978 kehrt Jünger die Wertung dann geradezu um: «Unter dem Stahlhelm [bildete sich] jenes Gesicht einer neuen und kühneren kriegerischen Rasse, das in die Geschichte eingegangen ist.»[43] Der Grund für diese Ersetzung kann nicht in dem von dem Herausgeber angegebenen Streben bestehen, aus «In Stahlgewittern» jedwede patriotische «Sinnaufladung» zu tilgen. Denn die Formulierung von 1924 nimmt die Idee aus «Der Arbeiter» vorweg, sowie den Weg der Desillusionierung Jüngers über Krieg und Soldatentum. In seinen Romanen und

Essays nach dem Zweiten Weltkrieg entwickelt Jünger den Gedanken, in der kriegerischen und politischen Gegenwehr gegen die Barbarei werde man selber zum Barbaren. Der Protagonist in «Heliopolis» 1949 ist noch Soldat, den man aufgrund von Insubordination entlässt. 1977 ist der Protagonist in «Eumeswil» dann «bloß noch» ein Geschichtsdozent und der Mundschenk des Tyrannen, mit dem zusammen er sich schließlich nicht nur von der Politik, sondern völlig von der Gesellschaft abwendet. Nicht die «kühnere kriegerische Rasse» ging in die Geschichte ein, vielmehr ist die «Maschinerie» zur Herrschaft gelangt, der «alle noblen und persönlichen Gefühle» weichen müssen. Dass Jünger sich die konservativen Selbsttäuschungen über eine vergangene, angeblich noble Kampferfahrung zunehmend bewusst macht, werden wir bei der Lektüre der «Gläsernen Bienen» von 1957 sehen.

ERFÜLLUNGSENTTÄUSCHUNG

Selbsttäuschungen zum Trotz, es ist Jüngers düstere Prophetie, die sich bewahrheitet. Wenn Jünger das erste Auftauchen dieser leider allzu hellsichtigen Prophetie wieder strich, liegt meiner Vermutung nach kein «Dementi» des kühlen, sachlichen Beobachters vor, sondern eher ein ganz persönlicher Trotz. Kurt Tucholsky bemerkte einmal, «kein Mensch» vermöge es, «eine ganze Epoche seines Daseins als sinnlos zu empfinden».[44] Wir müssen im Auge behalten, dass Jünger als Jugendlicher in den Krieg zog; dort war er ständig mit dem möglichen eigenen Tod konfrontiert, kriegte Sterben und grausamste Verstümmelung von Kameraden mit, metzelte Feinde nieder, darüber hinaus wurde er sieben Mal verwundet, zum Teil schwer, und überlebte mehrere Gasangriffe. Die Traumatisierung von Jüngers *Körper* bei der Bewertung seiner Person und seines Werks außer Acht zu lassen, macht wohlfeile Abwertungen zwar leicht, aber zum adäquaten Verständnis der *Differänz* führt es nicht.

1977

Während der Beschäftigung mit der historisch-kritischen Ausgabe von «In Stahlgewittern» stieß ich auch auf einen alten Bekannten, klaus theweleit, dessen beide Bände praller «*männerphantasien*» Ende der 1970er, Anfang der 1980er Jahre das Kultbuch der Feinde des faschistisch-soldatischen und phallokratischen Patriarchats waren.[45] Sie musste man verinnerlicht haben, oder wenigstens musste man so tun, als habe man es. Auch theweleit habe sich mit Ernst Jünger befasst, las ich verwundert bei dem Herausgeber von «In Stahlgewittern».[46]

MONTAGE ALS INNERES ERLEBNIS

An eine Star-Rolle Jüngers in den «*männerphantasien*» konnte ich mich nicht erinnern. Die neuerliche Konsultation der Bände brachte mir dann schnell Aufschluss, warum: theweleit befasst sich nicht mit Jünger, er zitiert ihn über das Buch verstreut ab und an, gehäuft in der ersten Hälfte des zweiten Bandes. Wie bei vielen anderen Autoren auch, zitiert er meist ohne Namensnennung; der Autor eines Zitats lässt sich dann überhaupt erst durch Nachblättern in den unübersichtlichen Anmerkungen ausfindig machen. Den Autor ent-individualisiert die Technik der Zitatmontage, macht es unmöglich, seine Texte in ihrem je eigenen Sinnzusammenhang zu lesen. Vielmehr ruft sie den Eindruck hervor, als würden die verschiedenen Autoren – von Goebbels bis Jünger, aber auch ein Brecht[47] und ein Biermann[48] kriegen ihr Fett weg – eine homogene Masse bilden, in der jeder alle Ansichten und alle Haltungen aller übrigen mitzutragen habe. Fast ausschließlich zitiert theweleit aus «Der Kampf als inneres Erlebnis» (1922), Jüngers vielleicht affirmativste Schrift, obwohl er auch in ihr meint, den mutigen Pazifisten aus kämpferischem Idealismus «muß man […] achten».[49] theweleits Montagetechnik lässt nicht bloß die biografische *Differänz* des jungen, traumatisierten Mannes außer Acht, sie hindert darüber

hinaus auch jede differänzierte Auseinandersetzung mit der
Dialektik und den Entwicklungen des Autors. Die Frage etwa,
inwieweit er sich mit dem, was er da beschreibt, identifiziert,
kann überhaupt nicht aufkommen: Die ent-individualisierende
Montagetechnik lässt nur zu, den Text als Ausdruck einer dem
ganzen, unbestimmten Kollektiv der faschistisch-soldatisch
gesinnten Phallokraten gemeinsamen Geisteshaltung zu lesen.
Der Autor kommt nicht mehr vor: Das macht den Text beliebig.
Der Sinn der Ent-individualisierung von Jüngers Text (ebenso
wie der aller übrigen zitierten Autoren) wird im ersten Teil des
zweiten Bandes erst so richtig klar. Hier herrscht eine schlichte
Entgegensetzung: Auf der einen Seite stehe ein konservativer,
reaktionärer, faschistischer Individualismus, bei welchem aus
der amorphen Masse durch die starke Führerpersönlichkeit ein
Volk werde, und auf der anderen Seite gebe es das revolutionäre,
befreiende Volk, welches eine «Masse ohne Hierarchie»* bilde,
gekennzeichnet durch Spontaneität und befreite Sexualmoral.
Es geht theweleit um eindeutige Abgrenzung der faschistischen
von der proletarischen oder der kommunistischen, jedenphalls
«linken» Massenbewegung. Die gewissen Ähnlichkeiten beider
Bewegungen hat er im ersten Band nicht leugnen können. Nun
muss dick aufgetragen werden. Fast nie schreibt er «National-
sozialisten» aus, stattdessen «Nazis», meist nur «Faschisten» –
dem Begriff «Faschismus» sehen Leser in Deutschland freilich
die kollektivistische Denkungsweise weit weniger deutlich an:
«fascio» heißt im Italienischen «Bund». Die Zusammensetzung
von «national» und «sozialistisch» kann man niemandem als
ein Emblem von Individualismus verkaufen. Für die Ablehnung
der «Masse» und die Betonung des Individuellen eignet Jünger
sich ja gut, für weitere Aspekte der Beweisführung theweleits
schlechter; dort helfen dann die übrigen Autoren aus, zu denen
Jünger teils in direktem Gegensatz stand.

* Kein Terminus bei theweleit, wohlgemerkt, sondern eine Implikation.

«UND»

Den Tiefpunkt des Buches markiert die Stelle, an der theweleit die Verwendung der Konjunktion «und» bei Jünger und bei Hitler in Parallele setzt; allerdings bemerkt er, dass Jünger eher Gegensätze mit «und» verbinde, Hitler hingegen das «und» nur zur Verstärkung nutze: «In der Bewegung des Zusammenfügens dominiert die Verwendung des charakteristischen ‹und›, das oft zusammenzwingt, was sich gegensätzlich ist: ‹Hirn und Herz›, ‹Leidenschaft und Mathematik›, ‹Archaik und Rationalität›; Und-Paare Jüngers [in: ‹Der Arbeiter›]. In Hitlers Reden gibt es dies ‹und› als reinen Gestus des Vergrößerns, Verdoppelns (‹groß und genial› etc.).»[50] Dass beim Leser dennoch hängen bleibe, die Rede Hitlers und der Text Jüngers wiesen stilistische Ähnlichkeiten auf, davon wird theweleit ausgegangen sein, denn er sieht in dieser «Differänz» keinen Hinweis auf eine je unterschiedliche geistige Haltung.

MASSENVERACHTUNG

Verachtung der Massen ist ein Kennzeichen rechter wie linker Kulturkritik. theweleit stellt klar heraus, wie rechte deutsche Autoren insbesondere in den Jahren zwischen den beiden Weltkriegen die Angst vor den amorphen «Massen» schürten. Die Lösung sahen sie in einem strikten Aristokratismus und einer festgefügten hierarchischen gesellschaftlichen Organisation. Doch die Implikation von theweleit, dass dieser Vision ein linkes Vertrauen in die «Selbstorganisation» und die «Selbstbestimmung» der führerlosen Massen widerstreite, sie hatte schon von Beginn an auf Treibsand gebaut. Kein Geringerer als Lenin war es, der sagte, die Massen würden ohne revolutionäre Avantgarde nicht über einen «Trade-Unionismus» hinaus gelangen. Mit «Trade-Unionismus» meinte er den «‹realistischen› Kampf um kleine, allmähliche Reformen».[51] Denn die Massen folgten sozialdemokratischen Gewerkschaften, deren Ziel darin bestand, innerhalb des Systems gewisse gesetzliche Vorteile zu erlangen wie Begrenzung des Arbeitstags, Streikrecht (ohne Aussperrung oder Entlassung durch die Arbeitgeber im Gegenzug befürchten zu müssen) oder Verbot von Kinderarbeit. An revolutionäre Umstürze des Systems dächten sie nicht, falls keine avantgardistischen Führer aus der Schicht der Intellektuellen sie anleiten würden.

1902

«Die Geschichte aller Länder zeugt davon, daß aus eigener Kraft die Arbeiterklasse ausschließlich ein nur trade-unionistisches Bewußtsein hervorzubringen vermag. […] Spontane Arbeiterbewegung ist Trade-Unionismus, ist Nur-Gewerkschaftlerei.»[52] «Nur-Gewerkschaftlerei» bei Lenin deutsch.

DEÏFIZIERUNG DES PLEBS

Umgekehrt tummelten Aristokraten, Monarchisten, Elitisten sich in einer unmittelbaren Nähe zu den einzig erfolgreichen rechten Bewegungen, der faschistischen sowie der nationalsozialistischen Bewegung, deren Verherrlichung der Massen, die dem Führer zu Füßen liegen, keine Grenzen kannte. Man huldigt den Massen, sofern sie einem zujubeln.

KRITIK | UN | FÄHIG

Wenn die Kritik an der herrschenden Meinung als der Meinung der Herrschenden keine prinzipielle Demokratiekritik hinter sich hat, vielmehr allein der Frustration entspringt, gerade keine Mehrheit in den Wahlen zu erlangen, schmilzt sie dahin, sobald die Zustimmung der Mehrheit droht. Hatte jemand darüber sich geärgert, dass in den staatlichen bzw. den staatstragenden Medien und in den Bildungs- und Forschungsinstitutionen zum Beispiel menschengemachter Klimawandel als Paradigma für unanfechtbar erklärt worden war, so freut er sich diebisch, sobald der Wind der Mehrheit sich dreht und den Feinden kalt in das Gesicht bläst. Am Prinzip wurde jedoch nichts verändert: Staatsgewalt, und sei sie noch so legitimiert oder gar geheiligt durch die Mehrheit, sollte nun mal nichts zu sagen haben darüber, was wahr und was falsch ist, auch nicht darüber, was ich für wahr oder für falsch halte, und schon gar nicht, für welche Forschung ich mein Geld hergebe oder eben nicht hergebe. Wir können das Prinzip beobachten etwa an den unterschiedlichen politischen Optionen der Katholischen Kirche. In den USA, wo sie eine starke, aber abgelehnte Minderheit darstellte, verfocht sie zum Beispiel stets die Bildungsfreiheit. Das «Catholic Workers Movement» ist dezidiert anarchistisch aufgetreten. In Italien aber, wo die Katholische Kirche sich zu Hause und im Besitz der Mehrheit wähnte, hat sie sich über lange Zeit zum Beispiel dagegen gewehrt, dass der Staat die Ehescheidung zulässt. Dies ist eine Illustration dessen, was ich als ein allgemeines und universelles Gesetz demokratischer Politik formulieren möchte: Mit der Nähe zur Mehrheit nimmt die Demokratiekritik ab. Oder andersherum: Je weiter die eigenen Ansichten und Vorstellungen von der Möglichkeit, die politische Mehrheit zu erringen, entfernt sind, um so kritischer wird man gegenüber der Demokratie.

MEHRHEITSBESCHLUSS

Die publizierte Ideologie setzt Demokratie stets mit Toleranz gleich. Aber nichts könnte von der Wahrheit weiter entfernt sein. Die Demokratie, verstanden als Herrschaft der Mehrheit oder gar des Volks, erlaubt eben der Mehrheit, ihre Ideen den Minderheiten aufzuzwingen. Natürlich können die Minderheiten zusammen rechnerisch die Mehrheit sein; aber insofern sie keine Negativkoalition bilden, für die sie übereinkommen, sich unter- und gegeneinander unbehelligt zu lassen, erlauben sie es der relativen Mehrheit, zu schalten und zu walten, wie sie es will.

POLITISIERUNG

Die Masse, von den Rechten nicht weniger als von den Linken gefürchtet, von den Linken nicht weniger als von den Rechten in den Himmel gehoben, ist integraler Bestandteil des demokratischen Prozesses. In der Masse eine Bedrohung oder eine Heilsbringerin ohne die Politisierung auszumachen, die die real existierenden Demokratien immer mit sich führen, ist sinnlos. Natürlich gibt es Massen zum Beispiel bei Fußballspielen, wie es sie anscheinend immer bereits dort gab, wo Gesellschaften eine gewisse Anzahl von Menschen zusammen gebracht haben. Ihre Bedeutung kriegen sie erst, sobald es sich um politische Fragen dreht. Drohte nicht, dass von den Massen artikulierte Meinungen oder Haltungen Einfluss auf die Gesetzgebung erlangen, empfände man sie nie als gesellschaftlich bedrohlich. Ich jubele, huldigen die Massen den Schwestern von *The Warning*, runzle hingegen die Stirn, falls sie Helene Fischer beklatschen; meine Angst aber hält sich in Grenzen, ganz anders als wenn es drum geht, welche Wirkung Wladimir Putin, Joe Biden, Annalena Baerbock oder Marine Le Pen entfalten werden.

FREIE RADIKALE

Folglich gab klaus theweleit selber sich einer *männerphantasie* hin (wenn wir es denn bei diesem Begriff belassen wollen, weil derzeit es ja eher um gewalttätige Frauenfantasien geht): Denn in Wirklichkeit gibt es sie gar nicht, die «Masse». Eine Gesellschaft ist zusammengesetzt aus Gemeinschaften, welche sich durch sowohl hierarchische als auch nicht-hierarchische, aber auf jeden Fall freiwillige Strukturen auszeichnen, denen gegenüber Staatsgewalt die Masse schafft. Sie schafft die Masse, weil sie ein Territorium definiert, in dem «die Masse», «die Mehrheit», «das Volk» oder was oder wer auch immer das Recht besitzt, dir, dem zufälligen Einwohner dieses Territoriums, Vorschriften zu machen. Das Konstrukt solcher «Masse[n]» muss weg. Es kann jedoch nicht weg, solange nicht das Prinzip der Demokratie überwunden worden ist: dieses irre Prinzip, das behauptet, es sei «Recht», wenn die zufällige Mehrheit in einem per Gewalt festgelegten Territorium die Herrschaft ausübt über die dort lebenden Gemeinschaften und Individuen. Keinen Staat der Erde gibt es, den nicht Gewalt konstituierte und den Gewalt nicht aufrecht erhält. Demokratie kann eins nur von beidem bedeuten: entweder dass sie der Ideologie dient, die Gewalt des Staatsterritoriums zu konservieren, oder dass sie das Recht eines jeden Kollektivs bestreitet, auch über die nicht-zustimmenden Personen zu befinden. Verachtung der Massen bleibt ein stumpfes Schwert, solange wir uns nicht klar werden über die soziologischen Ursachen der Formierung von Massen. Diejenigen Kulturkritiker, egal ob von rechts oder links, die das Phänomen der Masse[n] als eines des Zeitgeists, der Moderne oder des Kapitalismus bezeichnen, verschleiern seine faktische Ursache: Demokratie.

JUNGBRUNNEN

Nehmen wir nun ein Bad in der Menge; tauchen wir ein in die Fluten, seien sie blutrot oder kackbraun. Ob Männer- oder Frauenphantasien, sie sollen mir recht sein, solange sie in ihrer Phantasie schwelgen und mir die Freiheit lassen, es mir in der meinigen heimisch zu machen. theweleits *männerphantasie* der Masse dekonstruiere ich als Beispiel der rhetorischen Strategie, die auch heute noch auf der linken wie der rechten Seite des intellektuellen Spektrums benutzt wird: Stark in der Kritik, implizit aber wird eine Konstruktion vorgenommen, die, ans Licht gebracht, auf tönernen Füßen steht. Bloß die, die etwas vom Pathos der Distanz begreifen, entsteigen dem Bad verjüngt. Alle anderen stehen vielleicht mit langen Bärten, ganz sicher jedoch mit den langen Gesichtern einer betrogenen Generation nass wie die sprichwörtlichen Pudel da.

ROTE FLUT

Eine Vielzahl von Textstückchen präsentiert theweleit, welche die Metapher von der «(roten) Flut» bemühen, und leitet diese in dem ersten Band mit den Worten ein: «Der Bolschewismus muß eine Art Meer sein, das in Wellen heranbrandet, überschwemmt, verschlingt. Allenthalben gellt der ‹Landunter!›-Schrei, wo die ‹Rote Flut› (u. a. ein Romantitel von Wilhelm Weigand über die ‹Münchner Räterepublik›) gesichtet wird.»[53] Die Masse agiert als Flut führer- und herrenlos, sie gleicht einer Naturgewalt. Dem Impuls, den ein Leser möglicherweise verspürt, dieses Bild der führer- und herrenlos agierenden Flutmasse für ein Konstrukt der faschistischen Ideologie zu halten, begegnet theweleit mit einer rhetorischen Frage: «Aber lügen diese Sätze denn?»[54] Derart legt er uns nahe, dass die rote, feuchte Flut voll jener Geilheit, die man mit der Lava, mit dem Strömen, mit dem Schmutz, Schlamm und Schleim verbinden möge, tatsächlich «das öffentliche Erscheinen revolutionärer Massen» *korrekt* kennzeichnen könnte, welches «eine Folge von Dammbrüchen» ist.[55] Laut theweleit gibt es in faschistischen Texten eine «bewußte Codierung der revolutionären Masse mit dem Komplex ‹verschlingende Weiblichkeit›»; «bewußt» heiße bei ihm nicht, erläutert er in der Fußnote, «absichtlich, sondern dem Bewußtsein zugänglich».[56] Für das Eingeständnis, dass die faschistischen Sätze der Flut-Metaphorik doch lügen, müssen wir uns bis zum zweiten Band der *männerphantasien* vortasten: Zum einen verachten die Faschisten keineswegs die Masse per se, sondern bloß die, die eben führer- und herrenlos agiert, nicht jedoch die geführte, «formierte, in Dammsysteme gegossene» Masse.[57] Der Faschist wolle die bedrohlichen Massen «in hierarchische Gebilde» umwandeln.[58] Das bleibt nicht der einzige Widerspruch: Bei genauerer Analyse der Texte fällt auf, dass *hinter* linken Massen zum anderen Aufrührer, Hetzer, Rädelsführer, Strategen, ja sogar «Führer»[59] gesehen werden.

1945 | 1935

Einen Band seiner *männerphantasien* voneinander getrennt präsentiert theweleit diese beiden Bilder:

1. Ein italienisches Plakat zum Sieg 1945 über den Faschismus, «Il bestiale fascismo è vinto! [Partito] Socialista Italiano di Unità Proletaria», das einen Jüngling nackt darstellt, der die Arme hochreißt und triumphierend seinen Fuß auf den Hals eines gefesselten, am Boden knienden Mannes in Business-Anzug setzt. Das Geschlechtsteil des Jünglings ist verstümmelt. Die Unterzeile theweleits: «Wer besiegt den Faschismus? Ein Sozialistenjüngling – geschlechtslos».[60] Später parodiert er «Trockenleger» der «sexualfeindlichen Linken» mit ihrem «kommunistischen Männergeist».[61] Da hätte ich doch glatt «besteigt» statt «besiegt» verschrieben. Nebenbei: Gesiegt über den Faschismus hat der US-Imperialismus und nicht etwa das «vereinigte Proletariat des sozialistischen Italiens».

2. Das Gegenstück im zweiten Band zeigt, kommentarlos, einen Faschistenjüngling in ähnlicher Pose, bloß dass er in der linken Hand die Hakenkreuzfahne hält – ein Wandgemälde Walther Hoecks aus dem Jahre 1935.[62]

theweleit weiß um die Parallelität, die Parallelität rechter und linker Sexualfeindlichkeit, die sowohl das Baden in der Masse als auch den Abscheu vor ihr steuert. Er gesteht sie sich selber jedoch nicht ein und enthält dem Leser die Aufklärung vor. Der Faschismus organisiere, so analysiert es theweleit, «die Wiedergeburt, die Auferstehung [*sic*!] des gestorbenen Lebens in den Massen»; die «Nicht-Faschisten» hingegen hätten sie «weniger zu organisieren», als «zu entfesseln».[63] Der Konjunktiv irrealis steht, wohlgemerkt, bei theweleit; hier nicht in Anführungszeichen, da sein Satz grammatikalisch etwas anders aufgebaut ist. Er weiß, dass weder die historischen Linken noch die seinerzeit aktuellen neuen Linken mit dem Rat etwas anzufangen vermögen: Vermögen, das ist das Problem der Linken.

VIAGRA FÜR DIE RECHTE

Wäre es denn möglich, dass im Konstrukt linker Massen ein Konstruktionsfehler steckt? Diese Frage erlaubte theweleit sich nicht. Im Anschluss an die Beschreibung, die *männerphantasie* der ge-f***ten Masse mache den Faschisten scharf, meint er lakonisch: «In einer Demokratie, wo das Volk wirklich wählte, kriegte [der Faschist] nie mehr einen hoch.»[64] Einige Seiten weiter aber bemängelt er dann an der *männerphantasie* von Einheit und «Ganzheitsleib», dass «Interessenkonflikte zwischen den Menschen einer Gesellschaft, Widersprüche in dieser, die von verschiedenen Organisationen und Gruppierungen ausgetragen werden», durch die faschistische Ideologie ignoriert bleiben.[65] Also wählt «das Volk» nicht, nicht in der Einzahl und nicht einstimmig. Kritik am Faschismus muss Demokratiekritik beinhalten, d.h. Kritik an der demokratischen «totalen Mobilmachung» von Mehrheitsmassen, oder bleibt stecken in Schlamm und Scheiße. Die beiden Bände umfassen zusammen ungefähr 1 000 Seiten. Es kann demnach kein Platzmangel sein, dass nirgendwo deutlich wird, wie denn eine nicht die Potenz gefährdende Demokratie aussehen könnte und wie das Volk «wirklich» wählt, dabei die Einheitlichkeit als Volk wahrt und zugleich Interessenkonflikte nicht scheut.

ZAUNKÖNIG

Demokratie nimmt immer die Struktur an, dass die räumlich verstreuten Personen über Vorgänge eines gewissen Orts entscheiden, mit dem kein Quäntchen einer Verbindung besteht. Falls es keine außer-demokratischen Begrenzungen dessen gibt, über das die zufälligen geografischen Mehrheiten ein Wort mitzureden haben, wie Grundrechte, dann ist Demokratie die Verfügung Fremder über den eigenen Körper. Sie hat die Struktur der Überwältigung. Demokratie können selbst Demokraten nur dann ertragen, sofern ihr engste Grenzen gesetzt sind. Die Verfügung über den Körper, die Mehrheiten sich anmaßen, drückt sich konkret aus. Ob es um das Verbot gemischtrassiger Ehen, ob es um die Prohibition von Alkohol, Drogen oder Tabak, ob es um die Kriminalisierung von Homosexualität, Abtreibung, Meinungs- oder Glaubensabweichung, ob es um die Versuche geht, sogar in den Konsum von Zucker einzugreifen, oder ob es um die Zwänge des Genderismus zu tun ist, immer handelt es sich um die gleiche Struktur der Gewalt. Und vergessen wir nie, dass die Nürnberger Rassegesetze die Zustimmung der Mehrheit der Deutschen genossen. Falls geringfügige formelle Fehler in der demokratischen Legitimität der nationalsozialistischen Herrschaft ins Treffen geführt werden, so ist das nichts als ein Pfeifen im düsteren Wald der Demokratie. Denn es steht außer Zweifel, dass es zumindest in den ersten Jahren dieser Herrschaft an Zustimmung der Mehrheit nicht fehlte. Fehlte es an der Konformität gegenüber den juristischen, aber willkürlichen Regeln, ist der Hinweis bloß ein weiterer Beleg, dass das Prinzip der Demokratie als Herrschaft der Mehrheit einer Bändigung durch nicht-, ja anti-demokratische Regeln bedarf – und zwar auch nach Maßgabe gängiger Demokratietheorie. Demokratie ist demnach ein Biest, die leibhaftige Domina. Jeder stimmt solch einer Charakterisierung übrigens umgehend zu, befindet eine Partei sich «am Drücker», die man selber verabscheut. Man pocht auf Demokratie bloß, solange man hofft, im Wind der Mehrheit kreuzen zu können. Aber die Mehrheit kennt kein Erbarmen. Dass er der Mystifizierung der Demokratie als einer Heilsbringerin die Absage erteilte, ist Jünger nicht vorzuwerfen. Seine Größe besteht genau darin, dass er dieser Versuchung, sich reinzuwaschen, widerstand. Ist das noch «rechts»?

WIE FÜHRERLOS IST DIE LINKE

Die rechte «Kritik» dient der linken Selbstmystifikation. Für sein Gegenbild von einer befreiten und befreienden, führerlosen

Masse hat und braucht theweleit kein anderes Beweismittel als die Darstellung durch faschistische, national-konservative und individualistische Kritiker, welche er alle in einen Topf wirft. theweleits Beweisführung setzt jedoch voraus, dass deren Darstellung der kommunistischen Flut als einer amorphen Masse richtig sei. Sie stellt er nie in Frage. Lenin kommt nur am Rande vor, Stalin fast nie, die Führer des deutschen Kommunismus, Karl Liebknecht und Rosa Luxemburg, sind wie nicht existent. Von Mao, Che Guevara usw. ganz zu schweigen.

BUNDESZENTRALE FÜR POLITISCHE DESINFIZIERUNG

Die erneute Lektüre von theweleits *«männerphantasien»* hat mir klar gemacht, welche wichtige Rolle dieses Buch spielt in der inhaltlich so abwegig klingenden, gegenwärtig allerdings durchgängig geglaubten Gleichsetzung des Faschismus mit dem Individualismus. Bloß auf diesem Hintergrund konnte Karin Priester 2010 in einer Analyse der Bundeszentrale für politische «Bildung» eine bloß «fließende Grenze» von «Libertariern, Rechtspopulisten und Rechtsextremen» behaupten, ohne einen Unterschied anzuerkennen zwischen dem Individualismus Ayn Rands und Murray Rothbards – die ausdrücklich genannt werden – auf der einen und radikal kollektivistischen neo-faschistischen Ideen auf der anderen Seite.[66] – Ayn Rand und Murray Rothbard trennt übrigens der Gegensatz, dass Ayn Rand einen Egoismus predigte, während Rothbards Argument für den Markt lautete, er bringe die Handelnden dahin, auf die Wünsche der jeweils Anderen einzugehen.

RESTRATIONALITÄT

Allerdings findet die heute ebenso übliche wie vorausgesetzte Gleichsetzung des Faschismus mit dem Kapitalismus sich noch nicht so ausgeprägt bei theweleit. Zu sehr ist ihm präsent, dass Judenhass und Feindschaft gegen den Industriearbeiter einen dezidierten Antikapitalismus markieren. Spätestens an dieser Stelle hätte er zugestehen müssen, dass sein Kronzeuge Ernst Jünger nicht ins Bild passt. In dem Essay «Der Arbeiter» (1932) analysiert Jünger als das Kennzeichen der Zeit die Identität der scheinbar verfeindeten Bewegungen von Bolschewismus und Faschismus; beide seien Ausprägungen der Massendemokratie. Dass diese Vision der Individualist Jünger nicht als Ideal ansehen konnte, sollte gerade innerhalb der Darstellung theweleits unmittelbar einleuchten.

RESTLIBERALITÄT

Dass zu Beginn der 1980er Jahre der Begriff «Liberalität» noch nicht wie heute abgewertet ward, zeigen auch Werbeseiten des Rowohltverlags am Ende des zweiten Bandes der Taschenbuchausgabe der *«männerphantasien»* (1980): Die vom Publizisten und langjährigen SPD-Bundestagsabgeordneten Freimut Duve herausgegebene Reihe «rororo aktuell» firmierte unter jenem Claim: «Liberalität».

AUS DEM POESIEALBUM

Jünger freilich geht's um «Désinvolture», nicht Liberalität. Zwei Szenen, zwei entgegengesetzte Formen der Désinvolture.

1. Der Offizier im ersten Weltkrieg, der, unterdessen links und rechts Bomben einschlagen, bei einer Kerze im Stollen seines Schützengrabens hockt und mit aller Seelenruhe einen Lyrikband durchblättert.

2. Der Steuermann des Revolutionsheers, der während des für die meisten seiner Soldaten tödlich endenden strategischen Truppenrückzugs sich in einer Sänfte tragen lässt und schöngeistige Gedichte reinzieht.

Die Affinität der Poesie zum militärischen Gebrauch mag im ersten Augenblick erschrecken. Doch sie sollte beruhigen: Der Poesie eignet eben keine performative Gewalt.

LYRIK UNTER BESCHUSS

Das Kriegstagebuch Ernst Jüngers, also der Rohstoff, welcher zu «In Stahlgewittern» umgestaltet werden sollte, enthält unter dem Datum 28. IV. [19] 17 folgende Notiz: «[Telefonmeldung.] ‹[…] Feind besetzte Arleux, Park von Arleux. Setzte 8. Comp. zum Gegenstoß an, bislang keine Nachricht. […]› Na, das war ja eine schöne Überraschung. Deshalb hörte man auch jeden Gewehrschuß so deutlich und die Kugeln pfiffen so über die Straße. […] Das III. Bat. vollständig fort und vom II. Bat. auch noch große Teile vermißt. Na, auf den Schreck beeilte ich mich mit Frühstücken, mußte aber doch wegen wieder einsetzender schwerster Beschießung mein Lukullusmahl im Stollen fortsetzen. Dann steckte ich mir friedlich eine Zigarre an, legte eine zweite auf meine Gasmaske, brannte eine Kerze an, steckte diese auf meine Gasmaske, und begann dann, einen Band Gedichte der Droste-Hülshoff zu lesen.»[67]

LYRIK IN DER SÄNFTE

Mao Zedong (1893-1976). Am 16. 10. 1934 begann der «lange Marsch» als strategischer Rückzug der in Bedrängnis geratenen Roten Armee. Er dauerte mehr als ein Jahr und die Strecke betrug über 10 000 Kilometer. Von den Soldaten und ihren Angehörigen kamen nur rund zehn Prozent ans Ziel. In der Mao-Biografie von Jung Chang und Jon Halliday (2005) heißt es: «Bambussänften waren einigen wenigen Anführern gestattet, außerdem hatten sie Anspruch auf ein Pferd und auf Träger, die ihr Hab und Gut schleppten. Die meisten ließen sich einen Großteil des Langen Marsches tragen, auch auf den besonders strapaziösen Strecken.» Und: «Jahrzehnte später erzählte Mao seinem Stab: ‹Auf dem Marsch lag ich in einer Sänfte. Was tat ich also? Ich las. Ich las viel.› Für die Träger war es nicht so einfach. Die Mitreisenden erinnerten sich: ‹Im Gebirge kamen die Sänftenträger bergauf manchmal nur auf Knien vorwärts, und

die Haut und das Fleisch auf den Knien waren oft wund ge-
scheuert, bevor sie den Gipfel erreichten. Jeder Berg, den wir
bestiegen, trug eine Spur aus Schweiß und Blut.›»[68]

MAOJÜNGER

Jene Mao-Szene hätte Jünger, sofern sie ihm bekannt worden
wäre (meines Wissens hat er sich nie auf sie bezogen), vielleicht
sogar gut geheißen. In der ersten Notiz, in der Désinvolture auf-
taucht, wird sie in Nietzsches Sinne als «Unschuld der Macht»
charakterisiert; 1938: «Man findet das Wort Désinvolture meist
durch ‹Ungeniertheit› übersetzt; und das trifft insofern zu, als
es ein Gebaren bezeichnet, das keine Umschweife kennt. Zugleich aber verbirgt sich in ihm noch ein anderer Sinn, und zwar
der der göttergleichen Überlegenheit. In diesem Sinne verstehe
ich unter Désinvolture die Unschuld der Macht.»[69] Soll das etwa heißen, man solle die Macht «ungeniert» ausüben und sich
dabei auch noch «unschuldig» fühlen wie Mao?

1942 | 1944 | 1989

Das könnte jedoch durchaus ein Eigenmissverständnis Jüngers
sein. Er selber hat sich nie in die Position begeben, Macht aus-
zuüben und dann dafür «Unschuld» reklamieren zu müssen.
Nach dem Ersten Weltkrieg identifizierte Jünger sich kurzzeitig
mit einer sehr kleinen, machtpolitisch relativ bedeutungslosen
nationalistischen Gruppe, hielt aber sogar ihr gegenüber einen
gehörigen Abstand. Im Zweiten Weltkrieg sympathisierte er
mit dem Kreis der Widerstandskämpfer vom 20. Juli 1944; doch
sah er sich auch hierbei eher in der Rolle des Beobachters als
des Mithelfers (obgleich er 1942 ff die Flugschrift «Der Friede»
verfasste,[70] die nach Hitlers Tod verteilt werden sollte). Über-
wiegend verbrachte er den Zweiten Weltkrieg unspektakulär
im besetzten Frankreich. Dort diente er General Stülpnagel, der
später zu den Verschwörern um Graf Stauffenberg gehörte. Bei

seinen Aufzeichnungen verschleierte Jünger sowohl, dass er sich in dem Zentrum der Macht der deutschen Okkupation befand, als auch seine vermutlich stärkere Beteiligung an den Attentats-Plänen. In Paris genoss er das Leben, zugleich jedoch drückte er seinen Abscheu aus vor Geiselerschießungen, Kennzeichnung der Juden mit dem Stern, und trat französischen Antisemiten entgegen.[71] Der Militarist genierte sich, Uniform zu tragen, und begann, sich vor den Uniformen zu ekeln.[72] Für seinen General in Frankreich übersetzte er das Manifest eines französischen, von den deutschen Besatzern hingerichteten kommunistischen Widerstandskämpfers, vor dem Jünger höchsten Respekt hegte, doch dies ebenfalls in der Pose des vermeintlich Unbeteiligten.[73] Nach dem Zweiten Weltkrieg blieb Jünger ein zwar geehrter und durchaus viele Bücher verkaufender Outcast, aber eben ein Outcast, einer, der bestenfalls als kriegsverherrlichender proto-faschistischer Ästhet durchging, wenn nicht gar als ein Toten-gräber der Weimarer Republik und Helfershelfer der National-sozialisten galt. Dass dieser Ruf ihn nicht kalt ließ, zeigt der Bericht des österreichischen Journalisten André Müller, der sich nach einem Interview 1989 mit Jünger befreundete: Jünger habe ihn gebeten, dass er «für ihn eine Lanze bricht».[74]

ANARCH IST

Ernst Jüngers Position war stets eher die des «Anarchen», eine Person, welche er in seinem Roman «Eumeswil» (1977) ent-wickelte: Sie hält sich im Umfeld der Macht auf, lässt sich je-doch niemals auf diese ein. Man kann das als Feigheit auslegen. Das sah Jünger anders: Der Anarch übe – im Gegensatz zum Anarchisten – keinen aktiven Widerstand aus, weil dieser das System des Machtkampfes nur festige, vielmehr ziehe jener sich ungeniert zurück: Er macht nicht mit. «Die Zeit habe ich längst hinter mir gelassen, in der Widerstand als moralische Leistung geschätzt wurde», notiert der Held in «Eumeswil».[75] Das war

die konservative Version der «Großen Verweigerung» des neu-
linken Revolutionärs Herbert Marcuse. Aus dem Arsenal der
Begriffe von Nietzsche trifft hier «Pathos der Distanz» besser
zu als «Unschuld der Macht». Ohne Distanz zur Realität macht
man sich zu ihrem Sklaven, unterliegt man ihrer Logik und
dient ihrer Fortsetzung, wie unwohnlich auch immer sie sich
gestaltet. Die unkritische Fortsetzung des Immergleichen, der
realistische Pragmatismus, ist freilich nicht einmal konservativ;
denn die Erhaltung des Bestehenden beschwört radikalere Veränderungen herauf, als nötig wären, die Wendung zum Besseren
herbeizuführen: Eine Konservierung impliziert unbewusste,
ungewollte, geplant-ungeplante Veränderungen ohne positive
Wirkungen im Sinne des Lebens in Frieden.

DIE UNSCHULD VERLIEREN

Falls es sich so verhält, gibt es vielleicht eine «Ungeniertheit der
Macht», aber eben keine «Unschuld der Macht». Im Gegenteil
wäre dann eine jede Beteiligung an der Macht die Schuld
schlechthin. Wie es auch dem französischen Wortsinne mehr
entspricht, wäre Désinvolture im Jünger'schen Verständnis also
eher als «Gleichgültigkeit» – oder Lässigkeit – zu fassen; dem-
entsprechend notiert er im Kriegstagebuch am 27. VI. [19]16,
mithin als 21-Jähriger: «Gleichgültigkeit ist eine meiner Haupt-
eigenschaften; ich glaube, wenn ich hingerichtet werden sollte,
würde ich noch eine Minute vorher über die Unsterblichkeit der
Maikäferseele oder verwandte Probleme nachdenken.»[76] Eine
Gleichgültigkeit bezieht sich bei Jünger auf die Dummheit der
unterwürfigen Menschen, nicht jedoch auf die Hoffnung, dass
es anders werden könne. In seinem Roman «Heliopolis» (1949)
heißt es (das übrigens ist André Müllers Lieblingssatz aus dem
Werk Jüngers): «Das Gute kann nicht durch Einsicht allein
gewonnen werden, es will durch Schmerz und Irrtum, durch
Schuld und Opfer erobert sein.»[77] Schuld. Nicht Unschuld.

1921

In den Stahlgewittern des Ersten Weltkriegs
wird die neue Generation von Männern gezeugt,
stahlhart, männlich, ohne Furcht, geübt in
Männlicher Kameradschaft, bereit, ihr Leben
für das Vaterland, für die blonden und blau-
äigigen Kinder, gezeugt mit den ehrbaren,
entfernten, unnahbaren und natürlich ganz und
gar unsexy Frauen zu geben, Männer, mit denen
mannn das Dritte, das Tausendjährige Reich
aufbauen kann --- ist es das, was der Text
sagt? Es ist das, was wir von dem Text erwarten.
Es ist nicht das, was wir in dem Text finden,
egal, welche Seite wir aufschlagen, egal in
welcher Bearbeitungsstufe. Was wir finden, ist
ein sensibler junger Mann, die Bilder Jüngers
zeigen ihn fast mit einem efiminisierten
Gesicht, der Gedichte ließt, der beginnt,
Käfer zu sammeln, der als "Kamerad" "funktioniert",
aber ein Einzelgänger bleibt, der die Kameraden
nicht versteht, die Kameraden, die Angst haben,
die mutig sind, die den Feind hassen, denn wie
auch immer sie reagieren, sie nehmen den Krieg
ernst. Der junge Mann in den Stahlgewittern
panzert sich gegen die Erfahrung, indem er den
Krieg nicht ernst nimmt, damit auch nicht die
Kriegsrechtfertigung und all den Quatsch, der
weder den Heldentod sucht noch sich ans Leben
klammert; Er hat eine Strategie gefunden, das
Leben zu ertragen, sich einzurichten unter den
widrigen Umständen, aber sich von diesen Umständen nicht knechten zu lassen, das Leben
verderben zu lassen.

1936
DOROTHEA'S TRAUM

DOROTHEA & EROS | weiße Mäuse | Amor als Honigdieb mit Venus | Kopie nach Lucas Cranach dem Älteren | zwischen 1580 & 1620 | Met Open Access der hungrige Amor greift in einen Bienenstock | um Honig zu naschen | dabei attackieren die Bienen ihn | er klagt seiner Mutter | die kleinen Biester fügten ihm große Pein zu | sie erinnert ihn | er mit seinen Pfeilen tue den Menschen ebenphalls sehr weh

OLYMPISCHE DISZIPLIN

1936: Vor drei Jahren wurde den Nationalsozialisten die Macht übergeben. Zwei Jahre zuvor entledigten sie sich ihrer Pöbel-Fraktion, der SA, im Zuge einer blutigen Säuberung. Eine keynesianische Wirtschaftsblase suggerierte Wohlstand, erzeugt mit einer Kombination aus unproduktiven öffentlichen Aufträgen – Rüstungsindustrie – und Reallohnsenkung. Es herrschte ein lediglich im Nachhinein als trügerisch entlarvter Friede. Die in Deutschland ausgerichteten Olympischen Spiele präsentierten der Welt ein zivilisiertes Gebaren der National-sozialisten. Die Ausstellung «Entartete Kunst», die Pogrome der «Reichskristallnacht» standen erst bevor: Hiermit sei nicht behauptet, vor 1937 bzw. 1938 habe der NS-Staat noch keine Repression gegen Andersdenkende, Behinderte, Juden und Weitere ausgeübt. Die Konzentrationslager befanden sich im Aufbau, die Bücherverbrennung hatte 1933 stattgefunden, Euthanasie-Programme begannen im selben Jahr, der Judenstern war seit 1935 verpflichtend. Was Jünger von diesem hielt, wird darin deutlich, dass er später in Paris als Mitglied der deutschen Besatzungsmacht Personen mit Stern den militärischen Ehrengruß entrichtete.[78] Des ungeachtet erlebte Jüngers Kriegsepos «In Stahlgewittern» Nachdrucke noch und nöcher. Ernst Jünger hätte sich glücklich schätzen und mit der Revolution, die er so präzise vorhersagte, im Gleichschritt marschieren können. Anstatt dessen tritt er die (innere) Flucht an.

1913

In seinem vermutlich stark autobiographisch gefärbten Kurz-roman «Afrikanische Spiele» erzählt er die Vorgeschichte des Mitmachens beim Weltkrieg, irgendwie unwillig, er erinnert sich nicht gern. Was treibt ihn an, sich gerade jetzt zu erinnern? Und gerade jetzt nicht den Helden des Grabenkampfs, sondern einen ungezogenen Bengel herauszustellen? Er *dementiert* das

eigene Image. Der Ich-Erzähler, Herbert Berger, ist ein Knabe
von 16 Jahren, ungefähr das Alter, in welchem Jünger selber zu
«Afrikanischen Spielen» aufbrach. Berichtet wird meist aus der
Perspektive des 16-Jährigen, einige Bemerkungen aber machen
klar, dass der inzwischen Erwachsene wenig entzückt auf seine
damaligen «Afrikanischen Spiele» oder besser: Eskapaden zu-
rückblickt.

ESSENZ VOR EXISTENZ

Wie Ernst Jünger, als er sich zum Dienst meldete, ist Herbert
Berger, der ein Internat besucht, des Schullebens und ganz all-
gemein der Perspektive einer spießigen Existenz in den Fuß-
stapfen des Vaters überdrüssig. Doch zieht Herbert nicht aus
zum großen patriotischen Krieg, sondern träumt von einsamen
Abenteuern in Afrika. Um nach Afrika zu gelangen, plant er,
der (französischen) Fremdenlegion beizutreten, die in Algerien
eingesetzt wird, dort dann aber auszubüxen und sich allein
durchzuschlagen, wohin auch immer. Als er nach den Ferien ins
Internat zurückkehren soll, unterschlägt er das Schulgeld und
macht sich auf den Weg. Da das Schulgeld hinreicht, es sich
zunächst als Untermieter einer freundlichen Wirtin gemütlich
einzurichten, vernichtet er den Rest, um gezwungen zu sein, die
Anwerbestelle der Fremdenlegion aufzusuchen.[79]

BRIEFGEHEIMNIS

Herbert Berger befindet sich nun, vom Nationalsozialismus aus
betrachtet, im Land der Erbfeinde. Davon jedoch ist nichts zu
spüren. Die Franzosen im Allgemeinen und selbst die Offiziere
der Fremdenlegion im Besonderen sind freundliche, kultivierte
Menschen. Ein Offizier gibt ihm, nachdem er sich bereits ver-
pflichtet hat, den Rat, die Zusage mit der Berufung auf seine
Minderjährigkeit zurückzunehmen.[80] Die Deutschen, welche er
trifft, sind hingegen Tunichtgute, Kleinkriminelle, Gernegroße

oder armselige Würstchen, teils recht akzeptable Kumpel, teils Berserker, vor denen man sich in Acht nehmen muss. Endlich gelangt er wie beabsichtigt nach Algerien. Dort ereilt ihn ein Brief des Vaters. Der französische Offizier, der ihn davon hatte abhalten wollen, den Dienst in der Fremdenlegion anzutreten, konnte seinen Vater ausfindig machen und informieren. Zu Herberts Überraschung besteht der Brief aus keiner Gardinen-predigt, ist vielmehr nachsichtig, enthält obendrein Geld. Der Vater meint, der Sohn habe derart sein Abenteuer gehabt, seine Eigenständigkeit unter Beweis gestellt, nun sei es an der Zeit, nach Hause zurückzukehren, die Schule zu beenden und die für ihn vorgesehene bürgerliche Laufbahn einzuschlagen. Das ent-wendete Schulgeld, die im Brief enthaltene Unterstützung und die Aufwendungen für die erstrebte vorzeitige Entlassung aus der Fremdenlegion möge Herbert als Vorschuss betrachten, den er in einer angemessenen Frist abzuzahlen habe.[81] Die drohende Verabschiedung von der Fremdenlegion nebst Rückführung nach Deutschland durchkreuzt Herberts Plan; aufgescheucht sucht er mit einem französischen Kameraden das Weite, wird jedoch bereits am folgenden Tag von hämischen Feldjägern ge-nau dort abgefangen, wo sie alle Deserteure erwarten; er landet in der Arrestzelle. Noch ehe er die Zeit dort abgesessen hat, wird er herausgeholt. Man teilt ihm mit, er sei entlassen, und überreicht ihm ein Ticket für die Überfahrt.[82] Nolens volens tritt er die Reise an. In dieser Weise enden seine Afrikanischen Spiele. Zu Hause eingetroffen, erscheint ihm Dorothea, die vor-her bloß flüchtig erwähnte Traumfrau,[83] zum letzten Mal: «Die Zeit der Kindheit war vorbei.»[84] Happy End.

HAPPY END

Wirklich? Ein vergiftetes Happy End, wenn's hoch kommt. Die Afrikanischen Spiele ergeben für Herbert keine Initiation. Er strebt danach, diese «kurzen Wochen [...] aus der Erinnerung zu verbannen», ihm war «zumute wie nach einem schlecht bestandenen Examen»: «Das Experiment war mißglückt.»[85] Mit dem Erlebnis dieser «Niederlage»[86] kann er sich erst viel später wieder konfrontieren. Freilich leidet er weiterhin an den «vernünftigen Ratschlägen»,[87] eine bürgerliche Existenz zu führen. Er beugt sich ihnen einzig, weil die Flucht nicht klappte.

1920? – 1933? – 1936!

Der politische Jünger gehörte in den 1920er Jahren dem zwar elitären, aber dezidiert antibürgerlichen Flügel des Faschismus an. Hätte er die «Afrikanischen Spiele» vor 1933 veröffentlicht, könnte man sie noch so interpretieren, dass er an die nationale «Bewegung» die Hoffnung knüpfte, kollektiv den Ausbruch aus der Bürgerlichkeit zu vollziehen, welcher Herbert Berger als individueller Eskapismus nicht gelingen sollte. Doch 1936 hatte der «Narrentrug»[88] der Nazis als Bürger im Wolfspelz sich gezeigt. Das, was bezüglich ihrer «Bewegung» und dem mit ihr verbundenen Versprechen einer «Revolution» übrig blieb, war genau die Wiedereingliederung des Knaben in den Plan des wohlmeinenden Vaters. Die «Afrikanischen Spiele» sind eine Parabel auf die «Kampfzeit» der Nationalsozialisten: Sie *spielen* Revolution wie im Sandkasten, um dann in den Trott des Ewiggleichen zurückzufallen.

SANDKASTENSPIELE

Allerdings. Auch die Zeit der «Afrikanischen Spiele» – also die «Kampfzeit» – entbehrt des Heroischen. Die Spiele finden in der von der bürgerlichen Welt genau abgesteckten Arena statt. Zu keinem Zeitpunkt verlassen die Akteure diese Arena. Sie sind hierzu gar nicht in der Lage. Die Einübung in den Kampf läutert sie nicht. Sie haben kein wertvolles «inneres Erlebnis». Ihr Charakter wird nicht gestählt. Während ihrer Zeit im Heer hintergehen sie sich gegenseitig, schlagen sich, lassen sich im

Stich. Die Kameradschaft bleibt oberflächlich. Werden sie entlassen und erhalten einen spärlichen Sold, wissen sie nichts mit der Freiheit anzufangen, als sich noch schlimmer wie zuvor zu besaufen und zu raufen, bis ihnen dann kaum etwas anderes einfällt, als sich wiederum bei der Fremdenlegion zu verdingen (sofern sie ihre Exzesse überleben).[89] Herbert entkommt dem Kreislauf allein, weil er einen gut situierten Vater hat. Damit hat Herbert Glück, zugleich aber besteht sein Glück darin, weiterhin unglücklich sein zu können.

RE: SIEG | NATION

Leutnant Sturm versucht, kurz bevor er den Tod findet, seine literarischen Aufzeichnungen zu bewahren. Mit ihnen hat er etwas, an das zu klammern sich lohnt. Der Krieg, der ihn und sie mit ihm vernichtet, ist sinnlos. Es gibt jedoch einen Sinn außerhalb des Kriegs: die Literatur. Für Herbert Berger gibt es keinen Sinn nach dem Scheitern an den Afrikanischen Spielen. Aufzeichnungen hat er nicht gemacht, selbst die Erinnerung ist ihm zuwider. Wer sie niederschreibt oder warum er selber sich doch dazu aufrafft, sie der Nachwelt zu erhalten, bleibt unklar.

AMNE SIE

Mit «Afrikanische Spiele» *dementiert* Jünger das eigene Fronterlebnis und dessen Überhöhung, die man «in Stahlgewittern» hineinlas (ohne dass sie dort enthalten ist). Dadurch, dass er den Ausbruch aus der bürgerlichen Welt dem kriegerischen, mithin vaterländischen Kontext entzog und zu einem rein militärischen Abenteuer eines Jugendlichen machte, re-individualisierte er ihn und kappte dergestalt die Möglichkeit der heroischen oder der nationalistischen Sinngebung. Denn Herbert Berger sucht das Abenteuer, dient nicht dem Vaterland, hat nicht einmal ein Erlebnis, das sich lohnt, im Gedächtnis behalten zu werden.

DOROTHEA

Die Sublimation erreicht einen neuen Gipfel. Leutnant Sturm und sein Protagonist Falk halten noch eine Nabelschnur zum sexuellen Verlangen, wenn es auch zerrissen ist und eher einem Blutstoß gleicht als einem genussvollen Erlebnis. Bei Herbert Berger gibt's nichts als Dorotheas dunkle Traumgestalt, bestenfalls ein Kindermädchen, eine Ratgeberin, wenn nicht gar eine Dämonin, eine Dark Lady. Doch sie kehrt sich ab und lässt ihn einsam zurück in einer öden Welt, die zur Wüste wird, wo nichtmal mehr eine Dark Lady als Domina auf ihn wartet. Er vegetiert auf einem niedrigen geistigen und niedrigen biologischen Niveau, bloß das materielle Niveau ist hoch: Hierfür kann man sich freilich nichts kaufen.

FLUCHT AUS DEM GRÜNEN HOUSE OF THE RISING SUN

In Herbert Berger erwacht kein Begehren, wie wir es von einem Jugendlichen erwarten würden. Das Begehren wird freilich nicht wie bei Leutnant Sturm (oder seinem Alter Ego, Falk) durch den Krieg bzw. militärischen Drill der Fremdenlegion *repressiv* entsublimiert, sondern es fehlt. Ein Legionär nimmt ihn mit zu zwei 16-jährigen «wunderbaren Spanierinnen» in einem Freudenhaus; da Herbert gerade das Geld von seinem Vater erhalten hatte, erwartet der Kamerad von ihm, dass er die Zeche schon zahlen werde. Herbert allerdings flieht aus dem Freudenhaus; seinen Kameraden aber verprügelt man dann als Zechpreller.[90]

SCHREIBEND ÜBERLEBEN UND SIEGEN

Ein welches Abenteuer hält das Leben für Ernst Jünger bereit? Sicher das des literarischen Schreibens, weder das des Kriegers noch das des Politikers. Indem er die «Afrikanischen Spiele» schreibt, ist er der Nicht-Herbert-Berger. Er ist «immer noch Sturm». Genauer: Ein Herbert wäre er, hätte er das literarische

Schreiben nicht. Vom Schreiben, von seiner Sprachgewandt-
heit, von seinen Manieren, ja von seinem Ehrgefühl her ist Ernst
Jünger Bildungs-, nennen wir es beim Namen: Spießbürger. Die
Alternative zum Bürger, dessen Würgegriff er als junger Mann,
dessen Würgegriff der Knabe Herbert zu entkommen sucht, ist
weder der nationalsozialistische oder kommunistische Prolet
noch der Landsknecht, vielmehr eine andere Art des Bürgers,
die dem Sinn nicht widerstreitet und bei welcher der gepflegte
Rausch seinen Platz findet.

1914 | 1936

Im Ende der «Spiele» verschweigt Jünger, dass er selber nach
seiner kurzfristigen Resozialisierung vom Abenteuer in der
Fremdenlegion 1914 sich als Kriegsfreiwilliger meldete – und
diesmal konnte der Vater nichts dagegen einwenden, nichts
dagegen unternehmen. Herbert Berger bleibt der Spießbürger.
Er hat keine zweite Chance auf Flucht. Die «Spiele» als Vorgeschichte der «Stahlgewitter» unterstreichen, dass Jünger 1914
nicht aus Patriotismus bzw. Nationalismus in den Ersten Weltkrieg zieht, sondern als Abenteurer, als Spieler, nennen wir es
beim Namen: als Süchtiger. Das Datum der Publikation, 1936,
das Datum der widerwilligen Erinnerung an die gescheiterte
Flucht bedeutet den – anscheinend – fest im Sattel sitzenden
neuen Machthabern: «Nein, ich bin keiner von euch.» War der
Autor sich dessen bewusst? Das wissen wir nicht. Es ist auch
einerlei. Das Datum hat gesprochen, spricht für sich, für ihn.
Und (aber?) die Finsternis hat's nicht begriffen. Begreift es noch
immer nicht. Ernst Jüngers «Afrikanische Spiele» 1936 sind das
individualistische Programm der Opposition zu den nationalsozialistischen Olympischen Spielen des Jahres. Er *muss* sich an
sie erinnern, um sich, um seinen Lesern, um der Nachwelt zu
zeigen, was es auf sich hat mit dieser *bürgerlichen* «Revolution».
Verklausuliert. Wie sonst?

PATHOS DER DISTANZ

Als Literat ist Jünger Chronist und Beobachter, präziser als der Soziologe, als der Psychologe. Er braucht nicht Teil des Verhängnisses zu sein, und genau das wird ihm zur Last gelegt als fehlende Empathie. Diejenigen, die lieber mittendrin dabei sind, als Nietzsches «Pathos der Distanz» zu wahren, und sich für sensibel und einfühlsam halten, fühlen sich ertappt, da Jünger ihnen einen Spiegel vorhält und bedeutet, dass sie als Teil des Verhängnisses das Leiden, das sie vermeintlich nach- oder mitempfinden, zumindest teilweise selber zu verantworten haben. Ihnen steht es nicht zu, ihren moralischen Zeigefinger auf ihn zu richten. Er, der sich panzert, ist den Leidenden näher als die sonntagsredenden Gutmenschen, die «Frieden» sagen, jedoch Gewalt meinen, um ihr Konstrukt der Welt noch im letzten Winkel zu verwirklichen: Verwirklichen bedeutet Gewalt. Sie verwirken das Gute im Menschen, das – vielleicht?, hoffentlich? – noch vorhanden ist, das gerettet werden könnte.

DAS ERNST-JÜNGER-PARADOX

Der Antibürger, welcher das Bürgertum verteidigt: Das ist das Ernst-Jünger-Paradox. Der stolze Soldat, der die Sinnlosigkeit seines Tuns begreift: Das ist das Ernst-Jünger-Paradox. Der Abenteuer, der sein Heil im Rausch der Beschaulichkeit sucht: Das ist das Ernst-Jünger-Paradox. In Ernst Jünger tritt uns der Autor entgegen, der sich *dementiert*, um sein zu können. Auf keiner der Seiten des Paradoxes stehen die Worte «Nationalismus», «Sozialismus» oder «Herrlichkeit des Kriegs». Wenn die Wüste wächst, so deswegen, weil der Vater für das Land missbraucht wird.

DIE SPUR DER WORTE

Von Ernst Jünger haben wir anders als vom Abenteurer, vom Soldaten, vom Bürger keinerlei Spur in der Geschichte als jene seiner Worte. Der performative Akt der Worte ist es, eine Welt des Friedens zu bauen. Worte, die Worte bleiben, üben keine materielle Gewalt aus, sie widerstreiten der Gewalt. Dann erst werden Worte Gewalt, wenn sie die Arena der Worte verlassen und wirken wollen. Wirken zu wollen, das ist der Sündenfall, ist der Genuss des «Apfels», der zum Verlassen des Paradieses zwingt. Doch nicht Gott ist es, der dem Menschen dies antut, der ihn bestraft, der seine Natur beschädigt, es ist derjenige, der den Worten Gewalt antut, indem er sie zu Gewalt macht.

IM ANFANG WAR DAS WORT

Im Anfang war das Wort und das Wort war bescheiden. Der Autor erinnert das Wort dran, dass es in der Finsternis leuchtet, freilich bloß, wenn es die Finsternis begreift als die Gewalt, die sich ihm so verlockend entgegenwirft, es in Wahrheit aber auslöscht. Uns gebricht es am Wort, wenn Gewalt statt Geist die Welt zusammenhalten soll. Das Wort im Dienst der Gewalt, das Worte als performativer Akt, den Anderen zu vernichten, ist die Macht des Unworts. Man kann es nicht ernst nehmen. Man kann es nicht ernst genug nehmen, denn es ist das, was das Leben ausmacht, jedoch nicht ausmachen sollte. Das Wort im Doppelsinn des Wortes aufzuheben, ist die Tat des Autors: Sie wird dann zum performativen Akt, sofern der Autor negiert, wirken zu wollen. Nicht wirken zu wollen, ist die Mission, die Alfred Petzelt der Pädagogik stellte. Er formulierte damit eine Mission, die weit über die Pädagogik Bedeutung haben könnte, wäre sein Denken in der Spießigkeit der Nachkriegs-Bundesrepublik nicht abgetrieben worden.

WILLKOMMEN WIDERSTAND

Der Denker hat Angst vorm performativen Selbstwiderspruch und kann darum niemals wirken. Der Autor, der nicht wirken will, wird den Selbstwiderspruch freilich mit offenen Armen empfangen und gerade darum könnte er wirken. Ob er es tut, das wäre unsere, keineswegs seine Sache. Ihm ist nicht vorzuwerfen, dass er ohne Wirkung bleibt, weil *wir* fortfahren, im Geist der Gewalt zu handeln, und weil *wir* es der Gewalt erlauben, unser Zusammenleben zu durchdringen.

HALLUZINOGENE KÄFER

Das, was man Ernst Jünger vorwirft, ist nun nicht die Wirkung seiner Worte, vielmehr dass er sich auf derart provokative Weise dem Wirkenwollen verweigerte: Die, die eine Parteiergreifung für das Gute verlangen, das den Gebrauch von Gewalt rechtfertigt, empören sich über die «Große Verweigerung». Dieser, nicht der Gewalt schreiben sie das Böse zu. Aber zu opponieren, wäre ebenso Mitarbeit, nicht weniger als im Chor der aktuell Mächtigen mitzusingen. Jünger sammelte lieber Käfer. Oder las im Schützengraben bei Kerzenlicht in einem Gedichtband. Das sei Heldentum, das neue Heldentum. Man hat es ihm nie verziehen. Man wird es ihm nie verzeihen.

1936

Dorothea wird in den Afrikanischen Spielen zwei
Mal erwähnt. Vor ihr aus ist die Geschichte
zu verstehen. Sie ist die Freundin, die Mutter,
der Vater von Herbert, nicht aus Fleisch und
Blut, sondern ein Geist. Der Geist verlässt
Herbert, nachdem sein Ausbruchversuch aus der
Enge der bürgerlichen Welt gescheitert ist.
Der Umweg über die Fremdenlegion hat Herbert
nicht die Freiheit gegeben, es gab keine
Afrikanischen Spiele, Abenteuer, er hat es
überstanden, aber keine wertvollen Erfahrungen
gesammelt, der wohlmeinende Vater hat ihn heim-
geholt ins Reich, in die Karriere. Er ist
erwachsen geworden. Dass ihn der Geist der
Frau, der Abenteurerin, der Freiheit verlassen
hat, ist Kennzeichen des Erwachsenwerdens. Doch
das Erwachsenwerden und der Verlust des Geistes
ist keine Errungenschaft, es ist eine Niederlage, die Prüfung hat er nicht bestanden.
Dorothea verlässt ihn nicht im Guten, weil er
es jetzt selber kann, wie eine Lehrmeisterin,
sondern sie flieht vor dem, der sich unterwirft.
Nun ist Herbert von allen guten Geistern verlassen, für die Dorothea steht. Er kann uns
im Nachhinein auch nichts über sie preisgeben.
Er kann sie nur erwähnen, im Vorübergehen, so
als sei sie nicht wichtig. Doch das ist ver-
räterisch; Wir sehen sie leuchten aus dem Hintergrund der Geschichte, seiner Geschichte. Doch
was ist die Botschaft von Dorothea, der Freiheit,
dem Geist der Unabhängikeit? Herbert verschweigt
es uns, denn er steht jenseits von ihr, sie hat
ihn verlassen. Dorothea wiederzugewinnen, das
ist die Aufgabe des Rausches. Die Aufgabe der
Revolution, wenn man so will.

1957
WO DER MOND HEULT

DAS SCHAF IM BLOTTERPELZ | unter Verwendung des Fotos eines Weißen Wolfs von Rolf Dietrich Brecher | Lizenz: CC-BY-SA | via wikimedia File:The_Leader_(27817684709).jpg | der Rest sei reine Phantasie | in der althergebrachten Schreibweise | oder Wiese | was wiederum verwiese darauf daß die Spielwiese nicht dem Sandkastenspiel gleicht | vielleicht aber weicht das Dass mit ß ist das einzige | was ich an der überkommenen vermisse

SPOILER

1957. «Heut' kann nur leben, wer an kein *happy end* glaubt, wer wissend darauf verzichtet.»[91]

BRAVE NEW WORLD

Die Geschichte über die «Gläsernen Bienen» erzählt uns der abgehalfterte Rittmeister Richard. Er hat das Kriegshandwerk zu Pferde erlernt, nur um dann die Übernahme des «Geschäfts» durch Panzer mitzuerleben. Obzwar er diese Neuerung verabscheut, entwickelt er eine Kompetenz bei der Revision und der Wartung der stählernen Kolosse. Doch inzwischen beherrschen Roboter den Krieg, die Produktion und auch die Unterhaltung, etwa als Schauspieler. Die beherrschende Figur in der schönen neuen Welt ist Industriekapitän Giacomo Zapparoni, genial als Erfinder, genial als Unternehmer. In der Sphäre fühlt Richard sich nicht mehr heimisch. Es ist keineswegs so, dass er den Errungenschaften die Bewunderung versagt, jedoch sind sie seine Sache nicht. Zusehends verarmt er. Da er seine Frau Theresa zu versorgen hat, rafft er sich aber auf, Twinnings zu kontaktieren, einen Kumpel aus alten Tagen, der es sich in der schönen neuen Welt wohl einzurichten weiß. Der Kumpel hat bereits anderen aus Richards Umkreis Verdienstmöglichkeiten an der Grenze zwischen Legalität und Unterwelt vermittelt. Für Richard hält er eine ganz besondere Idee in petto; er solle heikle Sicherheitsdienste bei Zapparoni übernehmen. Richard phantasiert, dass es hierbei nicht zimperlich werde zugehen, und er macht sich Gedanken, ob es mit Auffassungen der Moral zu vereinbaren sei, solch einen Job zu übernehmen; der Hinweis auf Theresa jedoch lässt ihn in das Angebot einschlagen, ein Bewerbungsgespräch mit Zapparoni zu arrangieren. Zudem bekommt er von seinem Kumpel ein kleines Wegegeld,[92] für das Richard seine Frau zum Essen ausführen könnte, selbst wenn Zapparoni ihn oder wenn er dessen Angebot ablehnt.[93]

0

FOSSILE SKRUPEL

«Auffassungen der Moral»? Richard drückt seine Verachtung für Moral aus;[94] dennoch bleibt sie der Maßstab der Beurteilung seines eigenen Tuns wie der übrigen Leute. Dies kommt darin zum Ausdruck, dass, wie wir lesen werden, moralische Skrupel es sind, die die militärische sowie die politische Karriere des Rittmeisters zerstören. Und obwohl er es erklärtermaßen nicht will, sind es auch moralische Skrupel oder, wie er selber es buchstabiert, «altertümliche Vorurteile»[95] oder «fossile Urteile»,[96] welche ihn zögern lassen, der durch den zwielichtigen Kumpel Twinnings vermittelten Offerte Zapparonis zuzustimmen. Geschickt flechtet Twinnings die Erwähnung von Theresa ein, um Richard zum Nachgeben zu bewegen.[97]

LIEBES | UN | FÄHIGKEIT

Liebt der Rittmeister seine Frau Theresa? In einer distanzierten, kühlen und auch überheblichen Art möglicherweise. Es scheint eher das Verhältnis eines pflichtbewussten, emotional unterbelichteten Vaters zu seiner Tochter zu sein. Wer den Erzähler reflexartig mit dem Autor identifiziert, mag hier ein überkommenes patriarchalisches Beziehungsmuster unterstellen, das propagiert werden solle. Wir werden sehen, dass der Rittmeister ein traumatisierter Mensch ist, dessen Trauma sein Verhalten erklärlich, jedoch keineswegs vorbildlich macht.

FREUD LÄSST GRÜSSEN

Zwar «drang er in sie», aber verbal, um herauszufinden, warum sie des Nachts weine.[98] Er hört, dass sie ihn nicht etwa ob seiner Unfähigkeit, einem Broterwerb nachzugehen, anklagt, sondern sich selber, ihn zu ruinieren. In ihrer Fürsorge erinnert sie ihn auf eine ihm unbehagliche Weise an seine Mutter.[99] Als er bei einer kniffligen Phase der Verhandlungen mit Zapparoni diese für gescheitert hält, stellt er sich vor, dass er, um Theresas Enttäuschung abzufedern, «nett zu ihr sein» wolle.[100] Eine erotische Beziehung scheint bloß auf bezüglich der Pferde[101] und seiner Schüler in jenen Jahren, während der er bei der militärischen Ausbildung tätig ist: Bloß im Zusammenhang seiner Schüler spricht er von «Eros» und «Liebe».[102]

HEIMATMUSEUM

Das, was Theresa dem Rittmeister gibt, ist das Gefühl einer «Heimat».[103] Er traf Theresa und «schloß mit ihr das Bündnis» in der Zeit, in der er vom «Wechselspiel der Machtkämpfe», «inhaltlos und nichtig», sich abwendet. Er spürt Leere. Aber «Hilfe kommt von unerwarteter Seite» und Theresa erstaunt ihn, «daß ein einziger Mensch, in der Tiefe erfaßt und aus ihr spendend, uns mehr gewährt und größeren Reichtum schenkt, als Cäsar, als Alexander je erobern konnten».[104] Eine Ode, aber der Vergleich einer Liebesbeziehung mit den Raubzügen von Alexander und Cäsar lassen einen doch sprachlos mit offenem Mund zurück. Zum Schluss gelingt ihm soetwas wie ein echtes, fast erotisches Kompliment: (Fast:) Zurückgekehrt vom erfolgreich absolvierten Bewerbungsgespräch bei Zapparoni, erhält er von Theresa «ein Lächeln, das stärker war als alle Automaten, ein Strahl der Wirklichkeit».[105]

FLÜGELSCHLAG

Zum Termin der Audienz wird Richard in Zapparonis Privatanwesen geladen, ein ehemaliges Kloster. Zapparoni imponiert Richard. «Vor allem die Augen waren von großer Kraft.»[106] Der Gastgeber verwickelt Richard in ein Gespräch über militärische Strategie, bei dem dieser nicht beste Präsenz zeigt. Nach dem Wortwechsel bittet der Gastgeber ihn, auf ihn im weitläufigen Klostergarten zu warten, er «habe noch etwas zu erledigen»; dort werde er «sich nicht langweilen»; rät ihm allerdings noch, «mit den Bienen vorsichtig» zu sein.[107] – Augen. O männer. Die

Beschäftigung mit den Augen und mit dem, was sie über den Menschen sagen und was sie zwischen den Menschen jenseits von Worten stiften, hält klaus theweleit für einen Ausfluss faschistischer *männerphantasien*.[108] O männer, was für 'ne armselige Analyse. Sollte t. etwa *homophob* sein? –

DIE REIFEPRÜFUNG

Zapparonis Rat, mit den Bienen vorsichtig zu sein, befremdet Richard, bis er entdeckt, dass die Bienen gläserne Roboter sind, die ihre Arbeit mit viel größerer Präzision und Effizienz tun als ihre natürlichen Schwestern. Zwischen Bewunderung und Befremdung hin und her schwankend versinkt Richard im Nebel der Beschaulichkeit, bis ihm einige Meter entfernt abgesäbelte menschliche Ohren auffallen. Hieran besteht kein Zweifel: Es handelt sich um menschliche Ohren. Überbleibsel eines Akts der Verstümmelung. Richard spürt Zorn und Verzweiflung in sich aufsteigen, weiß sich keinen Rat; überdies erscheint ihm die Wartezeit als ungebührlich lange. Soll er fliehen? Wie könnte er? Dann schaut er sich eins der Ohren näher an und meint, es sei kein menschliches, sondern das Ohr eines der humanoiden Roboter, die Zapparoni als Schauspieler einsetzt. Richard packt die Wut über die Art, mit der er einer Prüfung unterzogen wird, ohne dass er die Regeln kennt. Als ihn dann einer der gläsernen Roboter zu attackieren scheint, greift Richard nach einem in der Nähe gesichteten Golfschläger und zertrümmert den Angreifer. Noch im gleichen Moment realisiert Richard, dass er den Einstellungstest vergeigt hat: Bei der theoretischen Aufgabe hat er nicht die gewünschte strategische Lösung geliefert und bei der praktischen Aufgabe sich von moralischer Emotion hinreißen lassen. Jetzt taucht der Gastgeber auf und er erklärt ihm genau dies, was Richard bereits schwante: Für den angedachten Job sei er ungeeignet. Jedoch unterbreitet Zapparoni ihm eine andere Idee: Den Papieren habe er entnommen, Richard wäre tauglich ebenso zu technischer Qualitätskontrolle wie zum Umgang mit kindischen Erfindern, und genau so jemanden brauche er.

ENDE GUT (NICHT) ALLES SCHLECHT

Vorhang. Happy End. Richard spürt vorwegnehmend die Erleichterung seiner Frau Theresa, kehrt frohgemut nach Hause, führt sie zum Essen aus und fügt sich dem Schicksal. In einem erst später angehängten Nachspann lässt Ernst Jünger den Rittmeister vor Arbeitern der Zapparoni-Werke einen historischen Vortrag über die Entwicklung der technisierten Welt halten, der seine völlige Integration belegt. Happy End? Richard hat nun ein Auskommen, das ihm das Sich-Einfügen ermöglicht und erträglich macht, versüßt. Es ist alternativlos. Rebellion stellt keine Option dar. Schon wegen Theresa nicht. Wofür auch rebellieren? Und doch erzeugt der Roman eine untergründige Spannung: Denn wofür zum Teufel leben?

FENSTERSTURZ

Der Jobvermittler Twinnings ist das Alter Ego von Rittmeister Richard: so wie dieser ein Anarch; «die Regierungen gleiten an [ihm] ab».[109] Es gibt da aber die gravierende «Differänz», dass der Rittmeister an den Verhältnissen leidet, denen er sich äußerlich fügt, während Twinnings sie ausnutzt und es sich gut gehen lässt. Er hat keine (moralischen) Skrupel oder Vorurteile; er ist nicht fremd in dieser Welt, sondern fühlt sich in ihr zuhause. Er weiß, wofür er steht: für das Wohlleben. Beiden Anarchen antagonistisch gegenüber gesetzt ist Lorenz aus dem früheren Freundeskreis des Rittmeisters. Lorenz verficht eine «Idee», wie «alle friedlich, gesund und glücklich sein» könnten.[110] Seine Verzweiflung darüber, dass ihn niemand ernst nahm, wurde ihm schließlich unerträglich und er «schwang sich aus dem Fenster hinaus».[111] Die angeheiterten Kumpel sind bestürzt, um dann, ernüchtert, schnell zur Tagesordnung überzugehen und Karriere zu machen. Diejenigen, die nicht dabei waren, schieben den Suizid dem Rausch zu, obgleich Lorenz nicht besoffen war und sowieso nie Alkohol trank. Nur bei Richard, äußerlich unberührt, «schuf» das Ereignis «eine Wunde, die nie vernarbt»; es «erfaßte» ihn «das grauenvolle Wort ‹Umsonst›».[112] «Umsonst» ist das Wort in den «Gläsernen Bienen», das dem Wort «Sinnlosigkeit» in «Sturm» korrespondiert.

KONDUKTEUR

Massenpsychologisch hatten das so angedeutete Programm der Integration als erste Sigmund Freud und Wilhelm Reich erklärt, dann wurde es von Paul Goodman und den Begründern der Gestalttherapie methodisch durchbuchstabiert. Man lebe, sagt Rittmeister Richard, in permanenter Unruhe, bei der einer dem anderen nicht trauen könne.[113] Wird diese «permanente Unruhe» verbunden mit leidlichem materiellen Auskommen, ergibt sich ein Leben anscheinender Sicherheit, aber «die Lust war dahin» – «Unzufriedenheit» wird «zur Religion».[114] Diese Beobachtung exemplifiziert Richard an einem der Ausbilder bei den Leichten Reitern, Wittgrewe. Er war es, der Richard Liebe zu Pferden beibrachte. Es hat eine erotische Qualität, «wie man sein Pferd nach einem langen Ritt betreut [...], es hegt und pflegt, bis es einem den Kopf auf die Schultern legt und mit den Nüstern stößt».[115] Doch Wittgrewe demissioniert, um Straßenbahnschaffner zu werden. «Gewiss, die Arbeit war leichter, aber auch ungesünder.»[116]

LEICHTER, ABER AUCH UNGESÜNDER

Die Autoren von «Gestalt Therapy», 1951, ein Psychoanalytiker, ein Behaviorist und ein Literat mit Hang zu Sigmund Freud und Wilhelm Reich, stellen sich nach der Darlegung von natürlichen Reaktionsformen des Menschen auf die Existenz bedrohende, aber vorübergehende Gefahr und Unsicherheit ein Gedankenexperiment vor: «Nun angenommen, weder würde das Gleich-gewicht wieder hergestellt noch ein zeitweiliger Notfall der über-mäßigen Gefahr bzw. übermäßigen Frustration ausgeblendet und wegfantasiert, sondern es existierte ein chronisches Un-gleichgewicht mit geringer Spannung: ein fortwährender Stachel von Gefahr und Frustration, durchsetzt mit gelegentlichen akuten Krisen, ohne sich je ganz zu entspannen. Es ist eine trübe Annahme, aber unglücklicherweise ist sie für die meisten von uns eine historische Tatsache.»[117] Diese «trübe Annahme» ist zu präzisieren. Wenn die erreichbare Nahrung zwar den Organis-mus irgendwie erhalten kann, dabei jedoch wichtige Merkmale wie Geschmack, natürliche Zusammensetzung, ausgeglichene Wirkung auf den Stoffwechsel usw. nicht aufweist, tritt weder der Notstand des Hungers ein noch wird der Hunger befriedigt. In diesem Fall koppeln «Herz und Hirn» sich voneinander ab: Denn das Hirn behauptet, ausreichend Nahrung zur Verfügung gestellt zu haben, während das Herz Mangel meldet. Da das Hirn diese Meldung für falsch erklärt, muss das Gefühl für den Körper reduziert werden. Das Hirn verlässt sich nicht mehr auf die «Meldungen» des Herzens, entfremdet sich dem Herzen und verliert damit die Basis seiner eigenen Funktion. Was als eine Art Gedankenspiel vorgestellt wird, führt in den Kerngedanken der Gestalttherapie: Aus sinnvollen und notwendigen («gesunden») Funktionen kann unter bestimmten sozialen Bedingungen eine neurotische Reaktion erwachsen. Die neurotische Reaktion ist ihrerseits eine kreative («gesunde») Anpassung an («kranke») soziale Bedingungen.

SPALTPILZ

Das Hirn verzögert den spontanen Austausch an der Grenze des Kontakts zwischen Umwelt und Organismus, um derart die kreative Anpassung mit den Elementen Selektion, Vorsicht und Planung zu bereichern. In einer Situation der wegen ständiger

Gefahr chronifizierten Verzögerung spaltet es sich vom Herzen ab und wird zu dessen Feind, wenn jene Gefahr latent ist, mithin den Bestand des Körpers nicht gefährdet. Der Körper wird passiv genährt und bewahrt, eine animalische Befriedigung jedoch findet nicht statt. In einem solchen Fall kapituliert das individuelle Hirn vor der übermächtigen Gesellschaft und wendet sich gegen das Herz des eigenen Körpers, denn die Bedrohung durch die eigenen Triebe ist leichter zu kontrollieren als die durch die Gesellschaft. Aus diesem Grund wird die Körperwahrnehmung reduziert. «Herz und Hirn» bilden keine Einheit, keine *Seele* mehr; der Zusammenhang beider Funktionen des Organismus wird undurchsichtig. Das ist allerdings keine kognitive Fehlkonstruktion der Begriffe; denn das Abgespaltensein des Herzens vom Hirn wird in der neurotischen Situation als unmittelbar gegeben erlebt. Die Spaltung ließe sich nicht durch die Korrektur der kognitiven Konstruktion, sondern nur durch geänderte Bedingungen gesellschaftlicher Erfahrungen aufheben. Diese Überlegung liegt nun nicht Jenseits von Jüngers Erzählung, bei welcher es sich um eine Chronik der laufenden Ereignisse handelt: Die Erfahrungen, die sie aufzeichnet, sind echt. Die Bedingungen, unter denen sie entstehen, sind es nicht. Die Kritik lastet, was den Verhältnissen geschuldet wäre, ihm an. Die alte Tragik des Überbringers der schlechten Nachricht.

PREPPER

Das alles erwächst natürlich der Theorie Sigmund Freuds: Die Kontrolle der aggressiven Impulse der Individuen durch die Gesellschaft erfordert kollektive Aggression, die krank, apathisch, depressiv macht, vereinzelt jedoch zu scheinbar unbegreiflichen Gewaltausbrüchen führt. Das macht das «Unbehagen in der Kultur» (1930) aus. Und da draußen lauert der *Dschungel*, wo die Gewalt allkläglich und handgemacht bleibt. Die zivilisierte Welt reagiert einerseits mit Schreckstarre, mit Appeasement,

mit Verständnis, andererseits mit kalter, aggressionsfreier Büro-
kratie, mit Drohnen – der realen Verkörperung der gläsernen
Bienen – oder sonstigen Maßnahmen, die man, je entfernter,
kontakt- und gesichtsloser sie sind, für um so moralischer hält.
Wenn es gesunde Formen der Aggression gibt, wenn unter Umständen «eigentlich Aggression, Tat, Entscheidung, Stellungnahme im Leben notwendig» wären, jedoch «Rücksicht, Höf-
lichkeit, Zurückhaltung, falsche Bescheidenheit» herrschen,[118]
dann muss es auch in der Situation optimaler Möglichkeit von
Triebbefriedigung noch Gelegenheiten geben, die Aggression
notwendig machen. Paul Goodman jedenfalls baute diese Vorstellung gemeinsam mit den anderen Begründern der Gestalttherapie strukturiert aus. Von der Gesellschaft rundum betreut
zu werden, das hieße, «nicht dem eigenen Rhythmus und Herz
folgend, sondern zwangsweise gefüttert» zu werden; auf solch
einer «niedrigeren, abhängigeren Stufe von Antriebslosigkeit»
wird man «gefüttert und umsorgt ohne Verständnis fürs Wie;
dies bringt beständig Unsicherheit und Minderwertigkeits-
gefühl mit sich». Der Organismus wird nicht satt und gewöhnt
sich an «Mangel und Hunger».[119] – Den Weg zurück weist
George Bernard Shaw in der Komödie «To True to be Good»
(1931, dt. «Zu wahr, um schön zu sein»). Eine bis zur Lebens-
unfähigkeit verwöhnte und umsorgte junge Frau, die Tochter
von Mrs Mopply, siecht dahin, «the Patient». Begraben unter
Daunen und Decken lebt sie *in einem der besten Schlafzimmer in
einer der besten Vorstadtvillen in einer der reichsten Städte.* Neben
ihr am Bett sitzt ein Monster, «the Microbe», und klagt, durch
die falsche Lebensweise der Patientin sei es infiziert worden.
Es besteht aus einer halb durchsichtigen, leuchtenden Gallert-
masse und ist die Personifikation der Krankheit der Patientin,
während die Ärzte natürlich umgekehrt diagnostizieren, die Ursache für die Krankheit der Patientin sei die Mikrobe. Deshalb
darf in das Zimmer der Patientin kein Windhauch dringen. Für

die Beobachtung der Patientin ist eine neue Nachtschwester eingestellt worden, Susan. Kurz darauf führt Susan sich allerdings merkwürdig auf. Dann lässt sie gar einen «befreundeten» Herrn von der Straße durch das Fenster einsteigen. Die beiden entpuppen sich als Gangster, die es auf die Juwelen der Patientin abgesehen haben. Die Patientin bemerkt den Diebstahl und schlägt vor, eine Entführung zu inszenieren. Derart gelingt es der kränkelnden Patientin, ihr eingesperrtes und behütetes Leben abzuschütteln. Die «Patientin» zeigt sich als sehr wohl lebensfähig im *Dschungel*. Ihrer Gesundheit eignet, dem Unken der Mikrobe und der Ärzte zum Trotz, eine eiserne Resilienz: Nach der Flucht der Patientin aus ihrem goldenen Käfig der Krankheit tritt die Mikrobe vors Publikum und erklärt, nun sei die eigentliche Handlung des Stücks zuende.

REICH DER AGGRESSION

Die besser als die bestehende eingerichtete Gesellschaft müsste nicht von mehr Fürsorge, sondern von mehr Freiräumen für das aggressive Umgestalten durch ihre Mitglieder gekennzeichnet sein, ein Umgestalten nach den je aktuellen Herzenswünschen. «Die Aggression im strengen Sinne des Wortes hat weder mit Sadismus noch mit Destruktion zu tun. Das Wort bedeutet ‹herangehen›. […] Die Aggression ist die Lebensäußerung der Muskulatur, des Systems der Bewegung. Die Bedeutung dieser Korrektur für die Beurteilung der heutigen Kindererziehung ist groß. Ein großes Stück der Aggressionsbremsung, die unsere Kinder in vernichtender Weise zu erdulden haben, folgt aus der Gleichsetzung von ‹aggressiv› mit ‹bösartig› oder ‹sexuell›. Das Ziel der Aggression ist stets die Ermöglichung der Befriedigung eines lebenswichtigen Bedürfnisses. Die Aggression ist somit kein Trieb im eigentlichen Sinne, sondern das unerläßliche Mittel jeder Triebregung. Diese ist an sich aggressiv, weil die Spannung zur Befriedigung drängt.»[120]

IN DER ENGE DES PANZERS

Die konservative Kulturkritik des «Früher-war-alles-Besser» ist in den «Gläsernen Biene» anscheinend mit Händen zu greifen. Um die Perspektive der konservativen Kulturkritik zu überzeichnen, schiebt Ernst Jünger die Zeit von vor dem Ersten Weltkrieg direkt an diejenige einer für die nächste Zukunft prophezeiten Durchtechnisierung des ganzen Lebens heran. Konservative Wendungen tauchen vielfach auf. Beim Kampf «sahen wir keine Gegner mehr»;[121] «Soldaten [sind] nicht mehr Soldaten»;[122] die militärtechnischen «Erfindungen [wurden] immer widriger»;[123] Maschinengewehre fungieren als «eiserne Prothesen»: «Mit der Schönheit der Wälder war es vorbei.»[124] Den Produktionsalltag beherrscht ein «Stückwerk, das eines Mannes unwürdig» ist, während früher es «des Mannes Amt, Lust und Freude gewesen war, ein Pferd zu reiten, des Morgens hinter dem Stier das dampfende Feld zu pflügen» usw. usf.[125] Zapparonis Roboter-Schauspieler «konnten in keinem Bett gezeugt» und «von keiner Menschenfrau geboren werden».[126]

IN DER WEITE DER KRITIK

Allerdings formuliert Jünger die konservative Kulturkritik auch moderat und vorsichtig, nicht etwa im kollektivistischen oder objektivistischen Sinne, die Menschheit marschiere als Ganzes in die falsche Richtung, vielmehr in ganz individueller Weise, nämlich dass diese konkrete Person des Rittmeisters sich mit ihr nicht abfinden könne. «In dieser Hinsicht war ein Überrest der primitiven Wertungen des alten Kavalleristen unausrottbar in mir.»[127] Zudem bewundert Richard in der schönen neuen Welt, wie technischer Fortschritt sich mit den überkommenen menschlichen Fähigkeiten des Mutes, der Tollkühnheit, des Kampfes usw. verbinde. Der Weiterentwicklung wird die Hochachtung nicht versagt; sie lässt aber manch einen (wertvollen) Menschen ratlos zurück. Es geht nicht darum, eine Lösung für ihn zu finden, sondern bloß darum, seine Existenz zu bezeugen: Da er sich letztlich geräuschlos, widerstandslos einfügt, würde er ohne Literatur unsichtbar bleiben.

WALDLÄUFER

Überdies bricht Jünger seinen moderaten Konservativismus mit den «Gläsernen Bienen» noch einmal kritisch. Und zwar in einer Szene, die meines Erachtens zu den besten gehört, die er jemals schrieb. Der Rittmeister erinnert sich daran, sich als Jugendlicher dem Bandenführer Atje Hanebut angeschlossen zu haben. Atje repräsentiert das Gegenteil der herrschenden Ordnung, für die der junge Richard sozialisiert werden soll. Wildheit, barbarischer Kampf Mann gegen Mann, barbarische Ordnung, barbarische Autorität, barbarische Loyalität prägen das Bandenleben der «Waldläufer». Die Befreiung aus dem Charakterpanzer, der sich bei Richard zu bilden beginnt, wird beim Lesen physisch spürbar. «Ein Waldläufer nimmt überhaupt keine Befehle an», ist das Credo Atjes: «Auf diese Weise wurden wir in die Wildnis eingeführt.»[128] Dann jedoch geschieht das Unfassbare. Den Waldläufern geht ein Junge aus der Konkurrenz, den «Kosaken», ins Netz, ein schmächtiger, schwächlicher, fehlsichtiger Junge, an welchem die Waldläufer, nun in der Überzahl, rächen, dass die Kosaken ehedem einen der ihren fertig gemacht hatten. Als ein Schlag des Bandenführers den Jungen übel zurichtet, flüstert ein Mittäter, «Er blutet ja schon.» Doch Atje holt zum nächsten Schlag aus. Richard fällt ihm in den Arm, weil er vermutet, der Bandenführer habe den Hinweis überhört. Richard will Atje davor bewahren, unfair zu sein. Im selben Augenblick wendet die ganze Bande sich gegen Richard. Er wird mörderisch vermöbelt. Verletzt schleicht er sich nach Hause und gerät hierbei in die Hände der gegnerischen Kosaken. Der Junge, welchen er gerettet hat, zeigt auf ihn und identifiziert ihn als einen von den Gimpeln, die zu einem Dutzend über ihn hergefallen seien. Derart bezieht

Richard zusätzlich Dresche. Und zu Hause? Richard taucht dort blutbeschmiert und mit zerrissenem neuen Anzug auf. Dabei ist doch Mutters Geburtstag! Dass der Vater mit Vorwürfen und geharnischten Ohrfeigen, nicht mit Empathie reagiert, gibt Richard den Rest. Nie wieder sollte es zwischen seinem Vater und ihm so werden wie zuvor, denn er erfährt, «daß ein solcher Schlag sich nicht vergißt».[129] Das reflexive Nicht-Vergessen stellt hier eine Form der Selbst-Objektivierung dar. Man ist nicht mehr Herr seiner Sinne. Richard hatte die Lektion also gelernt. Die Bande simuliert das Früher-war-alles-Besser in der Zeit, in der die herrschende Ordnung bereits sich zum mechanisierten Kampf hin entwickelt. Aber sie zeigt, dass es früher eben nicht besser war. Die Mechanisierung des Kampfs ist keineswegs die Ursache dafür, dass der Kampf unfair wird. Im Kampf selber liegt das Problem der Amoralität. Barbarische Autorität und barbarische Loyalität verpflichten zum Unfair-Sein. Richard steht allein da mit seinem moralischen Anspruch, früher wie heute, innerhalb und außerhalb der herrschenden Ordnung. Der Anarch ist, war und bleibt auf sich gestellt.

UNTERWERFUNG

Diese Lektion saß also. In aller Zukunft wird Richard sich nun der Autorität fügen, welcher Autorität auch immer. Atje, der Outcast, betrieb in Wirklichkeit das Geschäft der herrschenden Ordnung: Er prügelte Richard ebenso wie die übrigen Banden-mitglieder in sie hinein. Genau die Lektion veranlasst Richard, sich der militärischen Ausbildung und allen sie begleitenden Demütigungen zu unterziehen. Im Zuge der Identifikation mit der überwältigenden Autorität verklärt Richard seine Ausbilder und die Zeit, die er mit ihnen verbracht hatte. Immerhin dient sie ihm als eine Orientierung in dieser unwirtlichen Welt, eine Orientierung, die ihm die nachfolgende Entwicklung wiederum entzieht. Der Konservativismus des Rittmeisters ist demnach nicht dessen originäres Naturell und stellt auch keineswegs den Maßstab der Kritik des Autors dar; vielmehr kennzeichnet er den Konservativismus als eine Reaktionsbildung auf eine ursprüngliche Traumatisierung, die Traumatisierung durch den Ersatzvater Atje, und auf den sich ihr anschließenden Verrat durch den leiblichen Vater; vom Verrat durch den, um dessentwillen er seinen Ausschluss aus der Waldläufer-Bande riskierte, ganz zu schweigen.

¡NO PASARÁN!

Die *Differänz* zwischen der Bande, der Armee und der schönen neuen Welt Zapparonis liegt in der Reichweite. Atje herrscht über eine Handvoll Jugendliche, die Armee über die Soldaten, der Zapparoni-Konzern über die ganze Welt. Wir haben es mit einer Verschärfung des Problems zu tun, nicht dessen Ursache. Die Reichweite wird direkt angesprochen via einer «Wiederholung» des Erlebnisses, von Atje und der Bande des Eintretens für fairen Kampf wegen abgestraft zu werden. Der Rittmeister kämpfte im asturischen Bürgerkrieg, eine fiktionalisierte Form des spanischen Bürgerkriegs 1936 bis 1939. Die Identifizierung des fiktiven Asturien mit dem tatsächlichen Spanien ergibt sich aus der Erwähnung von Gräueltaten gegen den Klerus, die man den – republikanischen – Widersachern zu Last legte;[130] wobei in den «Gläsernen Bienen» keine der beiden Bürgerkriegsparteien mit einem politischen Namen versehen ist. Als erste Annahme liegt es nahe, dass Ernst Jünger einfach seine Parteinahme für die faschistische Seite des spanischen Putschgenerals Franco verschleiern wollte. Diese Annahme weiß bei genauem Hinschauen jedoch kaum etwas für sich. Zunächst einmal hätte der Autor keinen indirekten Hinweis auf Spanien zu platzieren brauchen; er spielt für die Erzählung keinerlei Rolle. Darüber hinaus ist Parteinahme überhaupt nicht Sinn der Erwähnung. Vielmehr verhält es sich umgekehrt. Der Rittmeister deutet an, dass er während des Kampfes in Asturien ebenso wie während des Bandenkriegs zwischen den Waldläufern und den Kosaken gegen eine Aktion der *eigenen* Seite aus Gründen der Fairness oder der Menschlichkeit opponierte, sehr zum Ärger seiner Vorgesetzten, sehr zum Nachteil seiner Karriere.[131] An einer anderen Stelle bemerkt der Rittmeister, ihm fehle «die Unbedenklichkeit des Parteigängers».[132] Der Autor will nicht eine eigene Sympathie für die faschistische Seite verschleiern (wir entnehmen dem Text nicht, ob er sie hegte; dies aber ist für das Verständnis so unerheblich wie auch für die Sympathie; meine liegt, natürlich, beim «kurzen Sommer der Anarchie»[133]), vielmehr die kriegstreibende spiegelverkehrte Gräuelpropaganda mit gleichzeitigem Verschließen der Augen vor den eigenen Untaten aus der abstrakten geschichtlichen Situation herauslösen und in konkrete Allgemeinheit verwandeln: Moral ist der Maßstab, auch wenn eine Formulierung der Grundsätze ausbleibt (es wäre vermessen, eine solche von einem Werk der Literatur zu erwarten). Der moralische Anspruch bleibt, und steht über der Karriere; die Moral steht über dem eigenen Leben. Jüngers Ambivalenz ist es, die erregt: Die Moral verliert ihren Sinn und bleibt dennoch gültiger Maßstab. Das wird man Jünger nie verzeihen.

ERSTE UND ZWEITE NATUR

Was ist Moral? Und was ist die Quelle der Moral? Die Moral kann nicht einfach der Tradition entspringen, wie die Beispiele von Bandenführer Atje und später vom soldatischen Verhalten im asturischen Bürgerkrieg zeigen: Zwar hat seit der Erfindung des Schießpulvers[134] die Technik aus dem Kampf Mann gegen Mann ein formalisiertes, kontaktloses und auch moralärmeres Verfahren mit tragischeren Folgen gemacht, aber jenem ursprünglichen Kampf, aus dem die Tradition der Kampfmoral entspringt, eignet nicht per se das Prädikat der «Fairness». Der

Jobvermittler, Kumpel Twinnings, handelte, so vermutet der
Rittmeister, «gegen seine Natur»,[135] als jener diesem so groß-
zügig half. Die Moral, einem Kumpel «wie einem armen Ver-
wandten» unter die Arme zu greifen, ist Twinnings zur zweiten
Natur geworden wegen der disziplinierenden Ausbildung beim
strengen, aber wohlmeinenden väterlichen Offizier Monteron,
der es niemals duldete, «daß man einen Kameraden im Stich»
lässt.[136] Woher aber bezog Monteron seine Moral, wenn weder
die Tradition noch die Natur als Quelle zur Verfügung stehen?
Woher nimmt der Rittmeister seine Moral, die ihn Bandenführer Atje zum eigenen Nachteil in die Arme fallen, die ihn
während eines nicht näher bezeichneten Vorfalls im Laufe des
asturischen Bürgerkriegs zum eigenen Nachteil gegen den Vorgesetzten agieren lässt? Diese Frage kann, sie soll nicht be-
antwortet werden. Sie ist offen. Was bei einem philosophischen
Essay ein unbefriedigendes Ausweichen vor einer Antwort, die
man schuldig bleibt, wäre, ist das Lebenselixier der Literatur.
Sie darf nicht eindeutig sein. Sie darf keine Antwort geben. Sie
muss sie schuldig bleiben. Sie muss sie offen lassen. Sie stellt
Fragen am Rande des Sagbaren; die Antworten lägen jenseits
des Denkbaren.

VATERLOSE GESELLSCHAFT

Es scheint so, als spiele die Figur des Vaters eine prägende Rolle
in der Moralentwicklung. Der Ausbilder Monteron ist eine
ausgesprochene Vaterfigur. Während der kurzen Zeit, in der
Richard selber Ausbilder beim Militär ist, bemerkt er, dass den
Rekruten oft der Vater gefehlt habe.[137] Doch ist selbst die Figur
des Vaters nicht ungebrochen. Richard kassiert, nachdem er versucht hatte, den Bandenführer Atje in einem unfairen Kampf zu
stoppen, wobei ihn die Bande dessen, den er vor Schlimmerem
bewahrt hatte, erneut durch die Mangel dreht, Ohrfeigen vom
Vater für die zerrissenen Kleider. Damit scheidet auch der Vater

als Quelle der Moral aus. Allerdings zeichnet Richard seinen
Vater mitnichten als einen schlechten Menschen. Er hat aber in
realistischer Weise zwei Seiten – eine gute und eine schlechte.
So fungiert auch Zapparoni nicht einfach als der Bösewicht der
Geschichte. Im Gegenteil. Als Unternehmensführer ist er aus-
gesprochen gewinnend dadurch, dass er bei den Mitarbeitern
die Zügel locker lässt, exemplifiziert daran, dass sie keine festen
Arbeitszeiten vorgegeben kriegen.[138] Dies gereicht ihm zwar
selber zum Vorteil, geht aber nicht auf Kosten der Mitarbeiter.
Auch verlässt Zapparoni sich nicht auf die Polizei der öffent-
lichen Hand, sondern beschäftigt, quasi natürlich, eine Privat-
polizei.[139] Die handhabt er nicht in einem Exzess, sondern sein
Erfolg liegt hinsichtlich derer ebenfalls in einem moderaten
Einsatz. «Gläserne Bienen» ist keine anti-technische und keine
anti-kapitalistische Dystopie einer Horrorwelt, wie wir sie aus
unzähligen Science-Fiction-Romanen kennen, in denen private
Konzerne brutal agieren, um ihre Interessen durchzuboxen.
Was Ernst Jünger erspürte, ist die Diktatur auf sanften Pfoten.
Sie animiert zur Selbstintegration in ein ungesundes System.
Die neue Diktatur auf sanften Pfoten steht der alten Barbarei
entgegen. Jünger trauert der alten Barbarei nicht im Sinne der
konservativen Kulturkritik nach; allerdings erzeugte die alte
Barbarei einen Gegendruck, ließ – ungewollt – ein Schlupfloch
für Widerspruch und Widerstand, welches die Diktatur auf
sanften Pfoten geschickt zu stopfen versteht.

DIFFERÄNZ

Dienen die sichtbaren Unterschiede in der Biographie zwischen
wirklichem Jünger und fiktivem Rittmeister – der Rittmeister
ist kinderlos,[140] Jünger hatte zwei Söhne; Jünger war ein leiden-
schaftlicher Entomologe,[141] der Rittmeister weiß über Insekten
wenig;[142] der Rittmeister kämpfte im «asturischen»,[143] Jünger
nicht im spanischen Bürgerkrieg – bloß einer Bemäntelung der

Identität? Das wäre die wohl blässeste Interpretation. Denn die Parallelen in der Haltung von beiden sind so sichtbar, dass eine solche Verschleierung kaum etwas maskierte. Vielmehr drückt sich in den Unterschieden aus, was den Rittmeister zu einer verzweifelten und kläglichen Existenz macht, aber Jünger als Autor eben ganz anders an das Leben in seiner Natürlichkeit abseits der gesellschaftlichen Konventionen bindet.

WEHRUNWÜRDIG

Dass die Sohnlosigkeit des Rittmeisters zwei Mal Erwähnung findet, einmal zustimmend und einmal bedauernd,[144] entspricht den beiden Söhnen Jüngers. Der Erstgeborene fällt 18-jährig am 29. 11. 1944 in Italien. Oder ist liquidiert worden? Man hatte ihn zur «Frontbewährung» begnadigt, nachdem er bei einer Anklage wegen Defätismus knapp einem Todesurteil entgangen war. Einerseits rettete Jüngers soldatisches Renommée dem Sohn zunächst das Leben (diese Begebenheit ereignete sich im Februar 1944; nach dem 20. Juli 1944 wurde Jünger als «wehrunwürdig» entlassen und hätte nichts mehr für seinen Sohn erreichen können). Aber hatte der Sohn seine Reden wider das Regime andererseits nicht vom Vater übernommen? Da wäre es besser gewesen, «keinen Sohn» gehabt zu haben wie der Rittmeister; obwohl der sich Söhne «immer gewünscht hatte». Wir sind hier mit einer psychoanalytisch zu entziffernden Botschaft konfrontiert, die berührender nicht ausfallen könnte. Wer Ernst Jünger «Kälte» unterstellt, versteht nicht zu lesen.

HOMAGE TO ASTURIA

Derart lässt sich die Notwendigkeit decodieren, einen Hinweis auf den spanischen Bürgerkrieg zu platzieren: Wenn Jünger bereits bei einem Einsatz dort aus der Heer entfernt worden wäre, wäre es ihm erspart geblieben, während des Zweiten Weltkriegs in Hitlers Armee zu dienen.

1957

Nach dem Krieg steht West gegen Ost. Der Westen
preist sich glücklich in Demokratie, Wohlstand,
moralischer Ueberlegenheit und Demokratie.
Ernst Jünger sieht weiter. Im "Arbeiter" 1930
hatte er gezeigt, dass Nationalsozialismus und
russischer Kommunismus ein und demselben Prinzip
folgen, der Figur der organisierten und fanati-
sierten Masse, die produziert und jubelt. Das
Nachkriegsbewußtsein imm Westen hatte 1984 ganz
dem Osten zugeschrieben, es gab keine Einheit
des Weltgeistes mehr, sondern die goodbboys
standen den bad boys gegenüber, der Große Bruder
des Ostens den demokratischen Massen, eingesperrt
in ihren privatistischen, bürgerlichen Alltag.
Doch nicht die Brutalität des Großen Bruders
markierte die Zukunft der Repression, vielmehr
die wohlmeinende Intergration des Menschen in
die Gesellschaft; eine Resoprtion, in der vom
Individuum nichts mehr übrig bleibt, in der keine
Moral mehr Platz hat, in der die letzten Reste
des Widerstands ausgemerzt sind. Ja, die Gläsernen Bienen sind eine Dystopie, doch es fließt
kein Blut, es setzte keine Stockhiebe, der Körper
wird äußerlichnicht verwundet, sondern er wird
vergiftet und von der Seele her verwundet. Der
Held, Rittmeister Richard, der sich lange
gesträubt hat, stirbt am Ende nicht, nein er
hat einen auskömmlichen Posten, verdient leidlich
sein Geld, kann seine Frau zum Essen ausführen,
tut den Mirarbeitern des Konzern etwas Gutes.
Natürlich beglückwünschen wir ihn, wir heulen
am Ende nicht bitterlich, dass die Bösen gewonnen,
der Gute verloren hat. Die Bösen sind nicht mehr
Böse und die Guten nicht mehr gut. Es bleibt bloß
ein bitterer Nachgeschmack.

2022
SCHIBBOLETH

ein datum trachtet danach, sich in ein geheimnis einzuspinnen
Jacques Derrida, 1984

der amerikanische erfinder und ___ ustrielle samuel
colt (1814-1862) patentierte in ___ ahren 1835 und
1836 den revolutionären typ ei___ mehrschüssigen
pistole die heute immer noch ver___ ung findet colts
revolver verfügten über einen ___ renden zylinder
der mit mehreren patronen ge___ sowie durch das
spannen und das loslassen des ___ ers oder bei den
späteren modellen durch das e___ e betätigen des
abzugs schnell abgefeuert wer___ nnte bei frühen
colt-feuerwaffen verwendete ___ in perkussions-
zündsystem und mussten sie ___ rennten arbeits-
gängen mit pulver kugeln un___ hütchen laden
nach 1870 wurden modelle f___ stladepatronen
hergestellt die der modern___ mmunition sehr
ähnlich sind die revolv___ ichst eine colt-
fabrik in peterson new ___ 2) her ab 1847
dann ein viel größere___ rd connecticut
dort arbeitete___ hoc___ korateure und
kunsthandwer___ er v___ deutscher her-
kunft waren i___ ___ tive die in der
amerikanischen b___ ___ nach wie vor be-
liebt sind konzen___ ___ ich au___ ines schnörkel-
werk forale sch___ ___ ten sietier___ und menschen-
figu___ ___ n darstellungen hin manch-
mal ___ ___ nd silbereinlagen besonders
bei ___ ___ man für ausstellungen und für
präs___ ___ oder als persönliche geschenke von
colt___ prominente personen herstellte darunter
auch mehrere staatsoberhäupter echte peacemaker

PEACEMAKER | Colt Single-Action Army Revolver Seriennummer 45191874
Met Open Access | Musei | cimiteri! | Identici, veramente, per la sinistra pro-
miscuità di tanti corpi che non si conoscono | Manifesto dei futurismo | 1909

STURM ODER WAHN

Zu dekonstruieren gilt es den von der herrschenden Meinung (Meinung der Herrschenden) gesteuerten Diskurs über Ernst Jünger und zwar mittels der genauest möglichen Lektüre von Ernst Jüngers Text.

IM KREBSTIERGANG

Warum Ernst Jünger? Und wenn nein, wie wenige? (Vorsicht, misslungene Satire auf unseren UN-Philosophen dieses Jahres. Welchen Jahres? Jeden Jahres.)

TYPUS UND INDIE

Der Text Ernst Jüngers ist der Text. Sein Leben, ohne den Text, wäre bloß ein Typus der Erfahrung, die zu viele Männer seines und der angrenzenden Jahrgänge machen mussten; diese aber sind vergessen, weil sie in der Masse untergehen. Sein Text hebt ihn hervor und bloß sein Text ist die Spur, die interessieren kann. Bloß dann kann sein Leben interessieren, wenn es in den Text vermittels einer *Differänz* eingreift. Verbindlich ist sein Text, nicht sein Leben.

DIE JACQUESTION

Baut Ernst Jünger aus Worten eine Welt, in der auch wir leben können? Er baut aus ihr eine Welt, in der wir nicht leben wollen. Das ist eine Reaktion von uns, nicht eine Wirkung von ihnen. Nicht was er will, sondern was wir wollen, entscheidet. Ob wir wollen oder nicht.[145]

GLÄSERNE BIENEN FLIEGEN WEITER

Es gibt sie, die Differänz zwischen reinem Wort, so performativ es auch sein mag, und der unfertigen Welt. Dies rettet die Welt wie das Wort. Ohne solche Differänz wäre die Welt nichts und nichts das Wort.

OFFENE WUNDEN

Ist Ernst Jüngers Text zu übersetzen? Freilich, sofern, in welcher Sprache immer (auch der Deutschen), hierbei berücksichtigt werden die sieben Wunden des Körpers und der Rausch, diese Gegebenheiten außerhalb des Textes. Sie müssen in der Textur der Worte erscheinen. Diese Daten mögen unleserlich sein oder ungelesen, jedoch haben sie es verdient, dass man sie ablesen könnte. Man könnte sie wiederholen. Das Wort macht mehr als die Welt, die Welt hat allerdings auch mehr zu bieten als ein bloßes Wort. Der Schmerz vermittelt das. Viel wäre gewonnen, wenn es nicht der Schmerz, vielmehr die Freude und die Lust werden könnten: mit Worten, über Worte hinaus, weil Worte es wollen. Aber wollen sie es?

UNÜBERSETZT

Die Rezeption, die das, was sie über den Autor zu wissen meint, in den Text hineinprojiziert, versteht die Performativität der Worte nicht. Es geht nicht darum, den Autor reinzuwaschen, vielmehr die Worte zu beschmutzen. Erst die schmutzigsten Worte wären die richtigen Worte. Heilung hat keinen Ort in der beschädigten Welt. Worte, das sind bloß die «Einzelgänger mit defaitistischen Neigungen», wie ein (fiktiver) militärischer Vorgesetzter zu dem rein aus Worten geschaffenen Rittmeister Richard in der Personalakte vermerkt.[146]

SEINERZEIT

Das Datum, auf das Derrida einen solchen Wert legt, spielt bei den Texten Ernst Jüngers eine doppelte Rolle: das Datum der objektiven Geschichte (Erster Weltkrieg, Zwischenkriegszeit, Machtübergabe an die Nationalsozialisten, Zweiter Weltkrieg, Nachkriegsdeutschland) und das Datum in Jüngers Biographie (Fremdenlegion, Kriegsteilnehmer, Nationalbolschewist, dann Kriegsbeobachter mit einer leichten Tendenz zum Widerstand, schließlich «Anarch»). Wo die Daten sich treffen, stehen sie in einem Spannungsfeld. Dies Spannungsfeld macht Jüngers Texte spannend, einzigartig und doch auch zeittypisch. Das Interesse an Jünger macht sich als ein Paradox geltend, das Paradox, ihn einerseits als Ausdruck seiner Zeit und zugleich als jemanden wahrnehmen zu müssen, der gegen die seine-Zeit opponiert.

2022

Das objektive steht zum subjektiven Datum in unversöhnlicher Opposition: 1923 («Sturm») und 1936 («Afrikanische Spiele»); bis 1957 («Gläserne Bienen») reifte das subjektive Datum zwar, das objektive Datum befindet sich aber noch im embryonalen Zustand. Das ist angemessen für Science-Fiction. Wie «1984» so mussten auch die «Gläsernen Bienen» warten, bis sie begreiflich wurden und begriffen werden konnten. Ist es 2022 so weit? Die Drohnen fliegen jedenfalls wieder. Wie stets gleicht die richtige auch der falschen Seite.

COME IN AND FEIND OUT

Falls das Code-Wort fürs Hinein in jene Welt, die Ernst Jünger mit Worten baut, «Datum» lautet, wie finden wir aus ihr wieder heraus? Welcher Code erlaubt uns die Republikflucht? Denn die Welt, die Ernst Jünger mit Worten baut, lädt uns nicht zum Verweilen ein; sie ist neu, aber nicht schön. Nur dann fänden wir wieder aus ihr heraus, wenn sie sie besser einzurichten verstünden. Das aber lässt auf sich warten.

MOSKWA AUF FRIEDENSMISSION

2022, das heißt: Krieg macht wieder in «Sinn» (traurig, aber wahr). Beim Zerfall der UdSSR war die Ukraine die drittgrößte Atommacht der Erde. Von 1994 bis 2001 übergab sie gegen das Versprechen Russlands und der USA auf territoriale Integrität ihr Arsenal an die (russische) Staatsgewalt. Das Versprechen jedoch schützt nicht, nur adäquate Waffen hätten es getan. 2022, das heißt: Wer sich aus dem System der Abschreckung ausklinkt, macht sich verwundbar, angreifbar. Traurig, aber wahr. Weit und breit sehen wir keine 99 Luftballons fliegen. Weit und breit verbrüdern die Fahrer der Panzerwagen sich nicht mit der Bevölkerung und zeigen ihrem General den Stinkefinger. Make love, not war, längst vergessen und eingemottet. Die Pazifisten von damals und ihre Nachfolger schwimmen heute mit Kriegsherrn wie Fische im Wasser.

NUR EIN EINZIGES MAL

In der Überschrift dieses letzten Kapitels wiederhole ich das Datum des ersten Kapitels und variiere den Text. Damit wird es zu einem neuen, einzigartigen Datum, ohne dass etwas anderes besagt ist. Das Datum gibt eine Zeit an und verschlüsselt die Verortung.

ENIGMA

Die Datierung der Jünger'schen Texte bleibt ihnen äußerlich, so zentral sie für ihr Verständnis ist. «Sturm» muss zwar nach dem Ersten Weltkrieg geschrieben worden sein, freilich *irgendwann* nach ihm. Aber hätte Jünger die Novelle 1957 veröffentlicht (geschrieben), würde uns das Reden von einer «Sinnlosigkeit» des Kriegs kaum erstaunen. Die «Afrikanischen Spiele» können auch nicht nach dem Ersten Weltkrieg spielen, doch es ist die Veröffentlichung der Novelle 1936, die der Beschwörung von Dorotheas Geist das Magische verleiht. Und schließlich die «Gläsernen Bienen»! Sie haben ihren Ort nach dem Zweiten Weltkrieg, die Scharfsinnigkeit der Prophetie liegt aber darin, dass sie vorm In-Marsch-Setzen der Drohnen auszuschwärmen begonnen haben. Die Präzision von Jüngers Datierungen ist gespenstisch: Sie ist ein Rätsel. Wir erhalten damit den Schlüssel zum Frieden. Wenn wir ihn denn wollten.

IN FLAGRANTI

«In Stahlgewittern» verkörpert das Schicksal Jüngers. Dass er den Roman wieder und wieder überarbeitet, zeugt von dem Ringen um dessen Sinn. Erfasst ohne die Projektion steht er da als ein großes Werk gegen den Krieg. Doch Jünger verschleiert diesen Sinn zunächst durch das nationalpolitische Engagement, das weder seinem Text noch seinem Wesen entspricht. Dass er sein nationalpolitisches Engagement bereits 1923 in «Sturm» *dementiert*, ist die Überraschung der Lektüre, denn 1923 kann er es als Handelnder noch gar nicht wissen, freilich schon (oder bloß) als ein Autor. Die Daten 1936 und 1957 belegen, wie der Autor sich vorsichtig tastend bewusst wird über den Sinn seines Schreibens. Wir ertappen ihn dabei.

SCHIBBOLETH

Sich selber *dementiert* allerdings auch Jacques Derrida durch «Schibboleth»: Statt die Forderung seines Programms der Dekonstruktion nach der kontextlosen Suche eines Sinns hinterm je einzelnen Wort des Textes einzulösen, zieht er bei seiner Beschäftigung mit Paul Celan sowohl biografische Daten heran (wenn auch zurückhaltend) als auch Verbindungen zwischen den Texten. Aber er fragt erstaunlicherweise nicht nach der Differänz, sucht vielmehr ganz traditionell in der Biografie und in den jeweils anderen Texten nach Bestätigung. Die Datierung verlangt das eine wie das andere. Denn ein Datum sagt ohne das Datum davor und danach, daneben, dazwischen, darunter und darüber nichts aus. Aber nicht nur sagt es nichts aus, es wäre ohne die andern Daten inexistent. Es ist einmalig, bleibt freilich nicht einsam: Differänz *und* Kontinuität.

WER IST JÜNGER

«Es ist ein Irrtum zu glauben, wir würden auf die gleiche Art träumen und phantasieren, wie wir leben. Ganz im Gegenteil, wir phantasieren und träumen gerade das, was wir nicht leben, eben weil wir es nicht leben, aber gern leben würden. Deshalb denken wir uns ein anderes Leben aus; um in seinen Lügen zu leben, seinen verführerischen Trugbildern. Doch dieses andere Leben, das uns seit den Anfängen der Menschheitsgeschichte begleitet, ist nicht unser treues Abbild, sondern ein magischer Spiegel, der das hinter der äußeren Erscheinung verborgene Leben erfasst, unsere Instinkte, Gelüste und Sehnsüchte, unsere Ängste und Phobien, die Gespenster, die uns bewohnen. All das sind wir auch, aber wir vertuschen und leugnen es in unserem offiziellen Leben, opfern es wie so vieles, um unser Zusammenleben möglich zu machen.» – Mario Vargas Llosa.[147] – Klarer lässt es sich nicht sagen: In der Differänz zwischen Biografie und Fiktion ist der Sinn der Literatur verborgen, nicht in der Identität. Wenn es anders wäre, bedürfte es der Literatur nicht: Sie ist die Wahrheit der Fiktion.

DATIERUNG

Geschrieben und, so Gott will, so die Herrschenden einen Stein auf dem anderen lassen und auch die Meinungsfreiheit nicht exekutieren, veröffentlicht im Jahr des Herrn 2022. Dem Jahr, das den Krieg wieder hoffähig macht: Die Staatsgewalt hat ihre Charaktermaske vom Gesicht genommen. Ihre Fratze diktiert, erneut, den moralischen Imperativ.

ANMERKUNGEN

1 Jacques Derrida, *Préjugés: Vor dem Gesetz* (1985), Wien 2017.
2 Jacques Derrida, *Schibboleth: Für Paul Celan* (1986), Wien 2012.
3 Ernst Jünger, *Kriegstagebuch 1914-1918*, hg. von Helmuth Kiesel, Stuttgart 2013, S. 47.
4 Ernst Jünger, *Strahlungen* (1949), Werke, Bd. 3, Stuttgart 1979, S. 271.
5 Ernst Jünger, *Der Kampf als inneres Erlebnis* (1922), Werke, Bd. 7, Stuttgart 1980, S. 92.
6 Vgl. Anm. 15.
7 Ernst Jünger, *Sturm*, Werke, Bd. 15, Stuttgart 1979, S. 71.
8 Ernst Jünger, *Revolution und Idee*, «Völkischer Beobachter», 23./24. September 1923; in: *Politische Publizistik 1919 bis 1933*, hg. von Sven O. Berggötz, Stuttgart 2001, S. 33 ff.
9 Vgl. Stefan Blankertz, *Die Katastrophe der Befreiung: Demokratie und Faschismus*, Berlin 2015 (edition g. 107), S. 85 ff.
10 Ernst Jünger, *Sturm*, Werke, Bd. 15, S. 12.
11 Ernst Jünger, *Sturm*, Werke, Bd. 15, S. 12.
12 Ernst Jünger, *Sturm*, Werke, Bd. 15, S. 13.
13 Ernst Jünger, *Sturm*, Werke, Bd. 15, S. 14.
14 Ernst Jünger, *Sturm*, Werke, Bd. 15, S. 15.
15 Ernst Jünger, *Sturm*, Werke, Bd. 15, S. 15.
16 Ernst Jünger, *Die Hütte im Weinberg*, Notiz von 1946, in: Werke, Bd. 3, Stuttgart 1979, S. 615. (Das ließ sich freilich *nicht* verifizieren.)
17 Ernst Jünger, *Sturm*, Werke, Bd. 15, S. 16.
18 Ernst Jünger, *Sturm*, Werke, Bd. 15, S. 20.
19 Ernst Jünger, *Sturm*, Werke, Bd. 15, S. 17, S. 53, S. 56f, S. 60, S. 70.
20 Ernst Jünger, *Sturm*, Werke, Bd. 15, S. 63.
21 Hippolyte Taine, *Honoré de Balzac* (1858), Leipzig 1913.
22 Ernst Jünger, *Sturm*, Werke, Bd. 15, S. 68.
23 Ernst Jünger, *Sturm*, Werke, Bd. 15, S. 70.
24 Ernst Jünger, *Sturm*, Werke, Bd. 15, S. 74.
25 Ernst Jünger, *Sturm*, Werke, Bd. 15, S. 26.
26 Ernst Jünger, *Sturm*, Werke, Bd. 15, S. 15. Vgl. auch Anm. 134.
27 Ernst Jünger, *Sturm*, Werke, Bd. 15, S. 62.
28 Ernst Jünger, *Sturm*, Werke, Bd. 15, S. 54.
29 Ernst Jünger, *Annäherungen: Drogen und Rausch* (1970), Werke, Bd. 11, Stuttgart 1978. – Ebenfalls ungemein schön: *LSD. Albert Hoffmann und Ernst Jünger: Der Briefwechsel 1947 bis 1997*, marbachermagazin 2013. – Einen «Trip» beschreibt er in *Besuch auf Godenholm* (1952; Werke, Bd. 15, Stuttgart 1979). – Vgl. auch Anm. 19.
30 Paul Levi 1930, zit. n. *In Stahlgewittern*, kritische Ausgabe, hg. von Helmuth Kiesel, Stuttgart 2013, Bd. 2, S. 484.

31 Joseph Goebbels, zit. n. kritische Ausgabe, Bd. 2, S. 447.
32 Erich Maria Remarque, zit. n. kritische Ausgabe, Bd. 2, S. 470f.
33 Vgl. Anm. 3.
34 Ernst Jünger, *In Stahlgewittern*, kritische Ausgabe, Bd. 1, S. 68.
35 Franz Werfel, *Stern der Ungeborenen* (1945), Frankfurt/M. 1992, S. 114.
36 Franz Werfel, *Stern der Ungeborenen*, S. 559f.
37 Franz Werfel, *Stern der Ungeborenen*, S. 673, S. 675.
38 Ernst Jünger, *In Stahlgewittern*, kritische Ausgabe, Bd. 1, S. 130f.
39 Helmuth Kiesel, zit. n. kritische Ausgabe, Bd. 2, S. 89ff, S. 109ff.
40 Ernst Jünger, *In Stahlgewittern*, kritische Ausgabe, Bd. 1, S. 642.
41 Joseph Goebbels, zit. n. kritische Ausgabe, Bd. 2, S. 448.
42 Vgl. Anm. 16.
43 Ernst Jünger, *In Stahlgewittern*, kritische Ausgabe, Bd. 1, S. 242ff.
44 Kurt Tucholsky, zit. n. kritische Ausgabe, Bd. 2, S. 120.
45 klaus theweleit, *männerphantasien* (1977), 2 Bände, Reinbek 1980.
46 Helmuth Kiesel, zit. n. kritische Ausgabe, Bd. 2, S. 47.
47 klaus theweleit, *männerphantasien*, Bd. 1, z.B. S.63f, S. 170f.
48 klaus theweleit, *männerphantasien*, Bd. 1, z.B. S. 288.
49 Ernst Jünger, *Der Kampf als inneres Erlebnis*, Werke, Bd. 7, S. 40.
50 klaus theweleit, *männerphantasien*, Bd. 2, S. 126. (Solche Wortpaare finden sich übrigens bei Jünger in dieser Form *nirgendwo*.)
51 W.I. Lenin, *Was tun?* (1902), zit. n. Werke, Bd. 5, Berlin 1955, S. 372.
52 W.I. Lenin, *Was tun?*, S. 385f, S. 396.
53 klaus theweleit, *männerphantasien*, Bd. 1, S. 236.
54 klaus theweleit, *männerphantasien*, Bd. 1, S. 237.
55 klaus theweleit, *männerphantasien*, Bd. 2, S. 8.
56 klaus theweleit, *männerphantasien*, Bd. 2, S. 10.
57 klaus theweleit, *männerphantasien*, Bd. 2, S. 8.
58 klaus theweleit, *männerphantasien*, Bd. 2, S. 105.
59 klaus theweleit, *männerphantasien*, Bd. 2, S. 32.
60 klaus theweleit, *männerphantasien*, Bd. 1, S. 176.
61 klaus theweleit, *männerphantasien*, Bd. 1, S. 408.
62 klaus theweleit, *männerphantasien*, Bd. 2, S. 285.
63 klaus theweleit, *männerphantasien*, Bd. 2, S. 188.
64 klaus theweleit, *männerphantasien*, Bd. 2, S. 100.
65 klaus theweleit, *männerphantasien*, Bd. 2, S. 104.
66 Karin Priester, bpb online 28.10.2010, S. 6.
67 Ernst Jünger, *Kriegstagebuch 1914-18*, S. 247.
68 Jung Chang und Jon Halliday, *Mao* (2005), München 2007, S. 186.
69 Ernst Jünger, *Das abenteuerliche Herz* (zweite Fassung, 1938), Werke, Bd. 9, Stuttgart 1979, S. 260.
70 Ernst Jünger, *Der Friede* (1942/46), Werke, Bd. 7, Stuttgart 1979.

71 Vgl. Anm. 73 und Anm. 78.
72 1942. *Strahlungen*, Werke, Bd. 2, Stuttgart 1979, S. 336, S. 470.
73 Ernst Jünger, *Zur Geiselfrage*, hg. von Sven O. Berggötz,
    Vorwort von Volker Schlöndorff, Stuttgart 2011.
74 «Die Zeit» am 08. 12. 1989. – Jetzt in: Christophe Fricker (Hg.),
    Ernst Jünger / André Müller, Köln 2015.
75 Ernst Jünger, *Eumeswil* (1977), Werke, Bd. 17, Stuttgart 1980, S. 363.
76 Ernst Jünger, *Kriegstagebuch 1914-1918*, S. 137.
77 Ernst Jünger, *Heliopolis* (1949), Werke, Bd. 16, Stuttgart 1980, S. 339.
78 Philippe Barthelet, *Ernst Jünger*, Lausanne 2000, S. 18.
79 Ernst Jünger, *Afrikanische Spiele*, Werke, Bd. 15, S. 109f.
80 Ernst Jünger, *Afrikanische Spiele*, Werke, Bd. 15, S. 146.
81 Ernst Jünger, *Afrikanische Spiele*, Werke, Bd. 15, S. 203ff.
82 Ernst Jünger, *Afrikanische Spiele*, Werke, Bd. 15, S. 231ff.
83 Ernst Jünger, *Afrikanische Spiele*, Werke, Bd. 15, S. 98ff.
84 Ernst Jünger, *Afrikanische Spiele*, Werke, Bd. 15, S. 242.
85 Ernst Jünger, *Afrikanische Spiele*, Werke, Bd. 15, S. 241.
86 Ernst Jünger, *Afrikanische Spiele*, Werke, Bd. 15, S. 245.
87 Ernst Jünger, *Afrikanische Spiele*, Werke, Bd. 15, S. 205.
88 Ernst Jünger, *Afrikanische Spiele*, Werke, Bd. 15, S. 239.
89 Ernst Jünger, *Afrikanische Spiele*, Werke, Bd. 15, S. 236ff.
90 Ernst Jünger, *Afrikanische Spiele*, Werke, Bd. 15, S. 211ff.
91 Ernst Jünger, *Gläserne Bienen*, Werke, Bd. 15, S. 553.
92 Ernst Jünger, *Gläserne Bienen*, Werke, Bd. 15, S. 444.
93 Ernst Jünger, *Gläserne Bienen*, Werke, Bd. 15, S. 539.
94 Ernst Jünger, *Gläserne Bienen*, Werke, Bd. 15, S. 430.
95 Ernst Jünger, *Gläserne Bienen*, Werke, Bd. 15, S. 432.
96 Ernst Jünger, *Gläserne Bienen*, Werke, Bd. 15, S. 438
97 Ernst Jünger, *Gläserne Bienen*, Werke, Bd. 15, S. 432.
98 Ernst Jünger, *Gläserne Bienen*, Werke, Bd. 15, S. 446.
99 Ernst Jünger, *Gläserne Bienen*, Werke, Bd. 15, S. 447.
100 Ernst Jünger, *Gläserne Bienen*, Werke, Bd. 15. S. 539f.
101 Ernst Jünger, *Gläserne Bienen*, Werke, Bd. 15, S. 469.
102 Ernst Jünger, *Gläserne Bienen*, Werke, Bd. 15, S. 474.
103 Ernst Jünger, *Gläserne Bienen*, Werke, Bd. 15, S. 446.
104 Ernst Jünger, *Gläserne Bienen*, Werke, Bd. 15, S. 477f.
105 Ernst Jünger, *Gläserne Bienen*, Werke, Bd. 15, S. 555.
106 Ernst Jünger, *Gläserne Bienen*, Werke, Bd. 15, S. 480.
107 Ernst Jünger, *Gläserne Bienen*, Werke, Bd. 15, S. 497.
108 klaus theweleit, *männerphantasien*, Bd. 2, S. 130-141.
109 Ernst Jünger, *Gläserne Bienen*, Werke, Bd. 15, S. 443.
110 Ernst Jünger, *Gläserne Bienen*, Werke, Bd. 15, S. 464.
111 Ernst Jünger, *Gläserne Bienen*, Werke, Bd. 15. S. 465.

112 Ernst Jünger, *Gläserne Bienen*, Werke, Bd. 15, S. 467.
113 Ernst Jünger, *Gläserne Bienen*, Werke, Bd. 15, S. 432.
114 Ernst Jünger, *Gläserne Bienen*, Werke, Bd. 15. S. 472.
115 Ernst Jünger, *Gläserne Bienen*, Werke, Bd. 15, S. 469.
116 Ernst Jünger, *Gläserne Bienen*, Werke, Bd. 15, S. 472.
117 Fritz Perls, Ralph Hefferline, Paul Goodman, *Gestalt Therapy*, New York 1951, S. 263 f.
118 Wilhelm Reich, *Funktion des Orgasmus* (1927/42), Köln 1969, S. 113.
119 Fritz Perls, Ralph Hefferline, Paul Goodman, *Gestalt Therapy*, S. 340 ff.
120 Wilhelm Reich, *Funktion des Orgasmus*, S. 119 f.
121 Ernst Jünger, *Gläserne Bienen*, Werke, Bd. 15, S. 462.
122 Ernst Jünger, *Gläserne Bienen*, Werke, Bd. 15, S. 463.
123 Ernst Jünger, *Gläserne Bienen*, Werke, Bd. 15, S. 468.
124 Ernst Jünger, *Gläserne Bienen*, Werke, Bd. 15, S. 469.
125 Ernst Jünger, *Gläserne Bienen*, Werke, Bd. 15, S. 472.
126 Ernst Jünger, *Gläserne Bienen*, Werke, Bd. 15, S. 511.
127 Ernst Jünger, *Gläserne Bienen*, Werke, Bd. 15, S. 468.
128 Ernst Jünger, *Gläserne Bienen*, Werke, Bd. 15, S. 529.
129 Ernst Jünger, *Gläserne Bienen*, Werke, Bd. 15, S. 537.
130 Ein literarisches Zeugnis davon: Stefan Andres, *Wir sind Utopia* (1942). Dies Buch las mir mein Vater, überzeugter Sozialist, in einer Nacht Mitte der 1970er Jahre vor, als ich begann, mich für den spanischen Bürgerkrieg zu interessieren, um mir zu zeigen, dass es *zwei* Seiten gebe. Für das Vorgehen der Stalinisten aus trotzkistischer Sicht vgl. George Orwell, *Homage to Catalonia* (1938).
131 Ernst Jünger, *Gläserne Bienen*, Werke, Bd. 15, S. 538.
132 Ernst Jünger, *Gläserne Bienen*, Werke, Bd. 15, S. 476.
133 Hans Magnus Enzensberger, *Der kurze Sommer der Anarchie* (1972).
134 Ernst Jünger, *Gläserne Bienen*, Werke, Bd. 15, S. 468. Vgl. auch Anm. 26.
135 Ernst Jünger, *Gläserne Bienen*, Werke, Bd. 15, S. 445.
136 Ernst Jünger, *Gläserne Bienen*, Werke, Bd. 15, S. 444.
137 Ernst Jünger, *Gläserne Bienen*, Werke, Bd. 15, S. 475.
138 Ernst Jünger, *Gläserne Bienen*, Werke, Bd. 15, S. 450.
139 Ernst Jünger, *Gläserne Bienen*, Werke, Bd. 15, S. 459.
140 Ernst Jünger, *Gläserne Bienen*, Werke, Bd. 15, S. 431, S. 474.
141 5 Käfer, 2 Schmetterlinge und ein Sporentierchen tragen seinen Namen.
142 Ernst Jünger, *Gläserne Bienen*, Werke, Bd. 15, S. 503.
143 Ernst Jünger, *Gläserne Bienen*, Werke, Bd. 15, S. 537 f.
144 Vgl. Anm. 140.
145 Disclaimer: Hier wie andernorts ist das «wir» ironisch zu lesen.
146 Ernst Jünger, *Gläserne Bienen*, Werke, Bd. 15, S. 476.
147 Mario Vargas Llosa, *Die Welt des Juan Carlos Onetti*, Frankfurt/M. 2009, S. 25 f.

NAMENSREGISTER

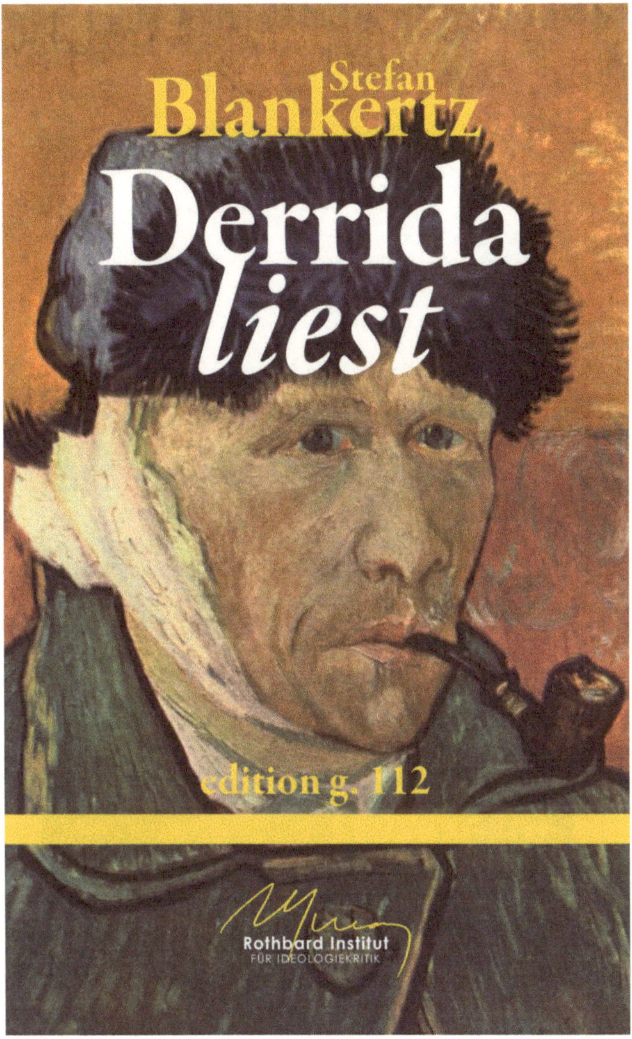

Stefan Blankertz

Derrida
liest

edition g. 112

Rothbard Institut
FÜR IDEOLOGIEKRITIK

ISBN 978-3-7481-3293-6

Infizierte Sprache. Infizierende Sprache. Was kann Literatur? Auch das Politische ist privat. Das kann Literatur!

Stefan Blankertz | edition g. 215

ISBN 978-3-7557-3357-7